RÉQUISITOIRE

DE M. LE PROCUREUR GÉNÉRAL MÉTIVIER.

Affaire de l'attentat d'Angers. (Audience du 12 octobre 1855.)

RÉQUISITOIRE

DE M. LE PROCUREUR GÉNÉRAL MÉTIVIER.

Affaire de l'attentat d'Angers. (Audience du 12 octobre 1855.)

MESSIEURS DE LA COUR, MESSIEURS LES JURÉS,

Nous sommes assemblés pour l'acte de justice le plus important et le plus solennel qui se soit jamais accompli dans cette enceinte. L'affaire, soumise à votre juridiction, n'est pas grave seulement à cause de l'étrange énormité du crime et du grand nombre des coupables; d'autres considérations la recommandent encore à vos méditations. Votre verdict n'aura pas seulement pour conséquence la condamnation ou l'acquittement de cinquante-huit accusés; il est destiné à exercer en outre une grande influence sur l'avenir de notre pays. Serons-nous garantis de nouveaux malheurs par une sage et ferme répression ? Resterons-nous menacés des persévérantes machinations du socialisme, encouragé par un excès d'indulgence ? A vous d'en décider avec calme, impartialité et courage.

Je cherche la vérité. S'il plaît à Dieu, je la dirai sans exagération, comme sans faiblesse. Organe de l'accusation, j'obéis avant tout à ma conscience, et je ne vous proposerai rien que ce que je ferais si j'étais juge. Quand vous m'aurez entendu avec la scrupuleuse attention que vous avez accordée à ces longs et pénibles débats ; quand vous aurez recueilli, avec une égale sympathie, les habiles et généreux efforts de la défense, vous prononcerez; et votre verdict, quel qu'il soit, sera accueilli avec tout le respect, dont vous êtes personnellement dignes.

Mon premier devoir est de bien caractériser les projets des bandes qui ont voulu surprendre notre ville endormie. D'ambitieuses prétentions se sont produites. Auront-elles fait perdre de vue le but réel de la sauvage agression, dont je demande justice ? Je ne le puis croire. Mais, s'il pouvait en être ainsi, il me suffirait de rappeler les faits, et surtout les déclarations des chefs du mouvement, pour rétablir la vérité sur une base inébranlable.

Trop fréquemment, Messieurs, notre pays a vu l'insurrection attaquer les pouvoirs réguliers et ébranler les institutions les plus respectables. Mais, que la révolte fût comprimée ou triomphante, elle invoquait toujours l'intérêt public, prétention trompeuse, dont se parent les ambitions les plus égoïstes, banal prétexte qui ne justifie pas le forfait, mais qui l'atténue aux yeux du vulgaire, trop facilement oublieux des malheurs qu'entraînent toujours les discordes civiles.

Mais quand, le 27 du mois d'août, la ville d'Angers se réveillait, sauvée, à son insu, d'une horde effrénée, par la vigilante fermeté de l'autorité; quand la population s'enquérait, ne pouvant croire aux dangers qui l'avaient menacée, des projets des révoltés, on l'apprenait avec stupeur, le but de ces hommes n'était autre que le pillage et le massacre.

Aujourd'hui ils se sentent écrasés sous l'indignation publique, ils pressentent votre arrêt et ils voudraient ennoblir la condamnation qu'ils ne peuvent éviter. Vain espoir! personne ne les prendra pour des hommes politiques. Ils sont condamnés à rester de vulgaires malfaiteurs.

Voyons quel pouvait être le mobile du complot et le but de l'agression?

S'agissait-il d'une de ces difficultés de salaire, dont nous avons vu de récentes et trop nombreuses manifestations? Non; car, de tous les ouvriers qui nous entourent, ceux des ardoisières sont les mieux rétribués, les plus assurés de travail, les plus entourés de soins, les mieux prémunis contre les maladies ou les accidents. Il n'y a pas dans nos pays une profession plus lucrative, conduisant plus facilement à l'aisance et à la propriété. Parmi les accusés eux-mêmes, de nombreux exemples, à l'appui de cette vérité, ne seraient pas difficiles à trouver.

S'agissait-il de la cherté des subsistances qui, malgré la constante sollicitude du Gouvernement, impose de trop dures privations aux classes laborieuses, mais qui, les accusés ne l'ignorent pas, a donné une magnifique impulsion à la bienfaisance publique et privée? Non assurément ; car, dans nos contrées riches et charitables, toutes les misères sont secourues avec un généreux empressement. Là n'est pas la cause de la révolte. Ce prétexte n'a jamais été invoqué, ni dans les préparatifs, ni dans l'exécution de l'attentat. Tardivement imaginé dans la prison, il n'est pas sérieux. Ce n'est pas la nuit, avec des armes chargées, avec tous les instruments de destruction amoncelés sous vos yeux, que l'on vient traiter une question de subsistances.

Ce n'était pas davantage un entraînement politique. Il n'excuserait rien. Mais il ne peut être invoqué par ces hommes sans conviction et sans foi, et que rien ne distingue, si ce n'est leur perversité et leur audace. Avant de comparaître devant vous, leur seule notoriété était celle que leur valaient la paresse, l'inconduite, l'ivrognerie, ainsi que vous l'ont appris les personnes qui assurément les connaissent le mieux, le maire de la commune et les contre-maîtres des carrières.

Laissons donc pour ce qu'ils valent ces palliatifs

inventés d'hier. L'accusé Pasquier ne vous en a-t-il pas donné lui-même l'explication véritable ? Ils ont été imaginés *pour ne pas effrayer les autres ;* c'est-à-dire pour masquer le véritable caractère du mouvement, pour tromper les populations honnêtes, pour égarer l'opinion sur le but de l'entreprise.

Qu'était donc le mouvement du 27 août? Il était, purement et simplement, la mise en pratique des théories d'une association détestable qui n'a d'autre mobile que la convoitise, d'autre espérance que la spoliation, d'autre moyen que le pillage et le meurtre. C'était un manifeste de la société secrète *la Marianne*, manifeste prévu par ceux dont le devoir est d'étudier et de connaître l'état du pays. *La Marianne* s'était crue assez forte pour emporter d'assaut et livrer à la dévastation une ville de cinquante mille ames.

Triste histoire, que celle de cette association funeste qui devait trouver de faciles adeptes parmi les hommes corrompus et cupides, et dont l'audacieuse tentative révèle des périls bien connus de l'autorité, mais trop ignorés des populations qui vivent, paisibles et confiantes, à l'abri d'un gouvernement vigilant et puissant.

Quand, en 1853, les premières traces de l'affiliation furent judiciairement constatées à Paris et à Angers, rien ne fut négligé pour arrêter la contagion. Nous eûmes ici des poursuites correctionnelles. On vous en a dit le résultat. Quelques condamnations furent prononcées. Mais les condamnés, entendant nier l'existence de *la Marianne*, suspecter les déclarations de la police, insulter ou railler les témoins, dont il faut maintenant reconnaître la sincérité, quittaient l'audience, enflés de leur importance, encouragés au mal, et lançant, comme aujourd'hui, les menaces anonymes aux magistrats, comme si ces misérables manœuvres faisaient fléchir un honnête homme dans l'accomplissement de son devoir. Il en fut ainsi partout; et, malgré ces avertissements, l'opinion publique hésitait à croire au danger. Il n'y a plus d'illusion possible. Tout est connu sur *la Marianne*. Ses ténébreux mystères sont dévoilés. Que les honnêtes gens apprennent ce qu'elle est et ce qu'elle veut! Qu'il ne reste plus d'excuse à ceux qui oseront s'y associer!

Sa fondation fut une supercherie imaginée pour flatter la démagogie des provinces, en lui laissant croire que Paris consentait à abdiquer sa prépondérance révolutionnaire, et daignait recevoir, des départements de l'Ouest, l'impulsion qu'il était habitué à donner. *La Marianne* n'est en réalité que *la Jeune-Montagne* de Paris, avec un semblant de direction à Nantes et dans d'autres villes du bassin de la Loire. Elle reste dans la main des chefs qui, abrités en toute sécurité par l'hospitalité étrangère, exploitent l'association pour le triomphe de leur ambition, et en outre au profit d'intérêts plus matériels et plus immédiats. Cette subordination à la dictature de Jersey et de Londres n'est pas douteuse. J'en trouve la première preuve dans un manifeste produit aux débats d'un procès jugé l'année dernière à Paris. Voici ce manifeste :

COMITÉ CENTRAL DÉMOCRATIQUE EUROPÉEN.
20 août 1854.

Les citoyens porteurs de ces lignes sont autorisés à mettre en circulation parmi les patriotes le bon de la souscription : 1 fr. La moitié des sommes qu'ils pourront recueillir restera dans leurs mains, affectée aux besoins de la démocratie parisienne. L'autre moitié sera envoyée au comité central européen.

Signé : LEDRU-ROLLIN ; JOSEPH MAZZINI.

Ces bons ont circulé dans notre pays, et nous en avons eu entre les mains. On voit comment ceux qui les ont imaginés mettent à contribution les classes populaires et pratiquent le dévouement, dont ils font parade.

Le but, auquel tend *la Marianne*, est expliqué sans détours dans une lettre, adressée par Delécluze, aux *comités de l'Ouest*, et citée dans le même procès. On y lit :

Saisissons la première occasion de renverser le tyran et de fonder enfin cette république démocratique et sociale qui est la nécessité de la situation, comme elle doit être le but de tous nos efforts.

La Marianne poursuit donc la fondation de la république démocratique et sociale. Pour y parvenir, tous les moyens sont bons, et toutes les hypocrisies sont permises. Écoutez ce passage d'une autre lettre de Delécluze aux *comités de l'Ouest :*

Les partis royalistes nous prêteront leur concours pour la bataille, non par sympathie ou repentir, mais parce qu'ils détestent Bonaparte plus qu'ils ne nous craignent, parce que, tout en désespérant de nous disputer la victoire, ils se flattent de recommencer les intrigues de 1848, et de tuer une seconde fois la république avec les armes qu'elle leur aura fournies. Applaudissons-nous de cette illusion et sachons en profiter, en nous réservant de la déjouer.

Les organisateurs des sociétés secrètes se posent en vengeurs de la morale, en apôtres de la vérité. Jugez de leur loyauté par ce curieux fragment d'une lettre adressée à un *patriote de l'Ouest :*

Paris dans ce moment c'est une loge de portier, un lavoir public, la reine du monde et des cancans, que moi-même je propage autant qu'il est possible. Il n'y a sortes de choses qui ne courent sur le compte du héros du jour : il tue des officiers en plein bois de Boulogne; il assomme un de ses cent cinquante corses; il fait fusiller dans les cachots de la préfecture de police; enfin, l'empoisonnement du nonce Garibaldi n'est qu'un bruit partout. Une main de papier ne suffirait pas à énumérer tous les on-dit que chacun affirme. Je les propage moi-même, ai-je dit plus haut; ne pouvant combattre à découvert, je me fais jésuite. Beaumarchais a dit : calomniez, calomniez, il en reste toujours quelque chose. Dans tous les cancans il y a pourtant de très-grandes vérités; j'affirme toujours le tout. Aux yeux de l'homme aux principes à l'eau de rose, aux vertus apparentes, ce que je fais peut paraître ignoble; par le fait ce n'est guère mieux appréciable. Mais quand il s'agit de tuer une bête immonde qui se trouve sur votre route, vous ne retournez pas chez vous pour prendre des gants et l'arme la plus noble; vous lui écrasez la tête avec le talon de votre botte......

Ce qu'ils veulent, les affidés de *la Marianne* le dissimulent habilement sous la vague dénomination de république démocratique et sociale; mais pour connaître leurs tendances véritables, il faut consulter les élucubrations des littérateurs et des économistes du parti. Ce ne sont pas des productions fortuites, émanées de quelque cerveau malade. Elles sont avouées hautement et répandues avec profusion. Voici d'abord un spécimen de poésie :

Ne vous contentez pas d'effrayer par menace;
Non, amis, agissez, prenez vos pistolets,
Vos fusils, vos poignards, aiguisez les stylets,
Prenez faux et bâtons; nos poitrines altières
Et nos bras vigoureux oseront les railler :
On les terrassera, et durant la tempête,
Comme à de vils serpents écrasons-leur la tête....
Du sang, partout du sang; quelle fête sanglante!
Le sang se mêlera à la mer écumante......

Quant aux lois et aux décrets, ils sont prêts pour

le jour du triomphe ; et c'est là qu'apparaît, dans une effrayante évidence, l'avenir qui nous serait réservé. Un projet de budget récemment découvert, est ainsi conçu :

Convaincu plus que jamais, par les efforts insensés du 2 décembre, que la monarchie constitutionnelle ou absolue est impuissante, depuis 1789, à diriger notre pays ; certain que le royalisme est destiné à périr par cela seulement que, pour se constituer un instant, il est obligé de s'appuyer sur une aristocratie quelconque, dont la France ne veut plus ; ayant vu la république elle-même s'abîmer sous nos pieds, parce qu'elle avait répudié le concours du socialisme, qui peut seul désormais garantir son avenir, j'ai cru remplir mon devoir de citoyen, en faisant à l'avance son budget. Je supprime entièrement le chapitre des cultes ; l'état ne doit pas solder les ennemis de ses institutions. Chaque culte sera payé par ses adeptes. Je propose une réduction de cent vingt-quatre millions sur le chapitre de la guerre ; la république ne doit pas solder à grands frais des oppresseurs. Je confisque à nos adversaires politiques pour sept milliards nets d'immeubles. J'en vends seulement pour cinq cents millions, afin de ne pas trop déprécier la propriété foncière. J'emploie deux cents millions à la mise en pratique du droit au travail, qui devient ainsi une institution normale. Je prélève cent cinquante millions pour la création de villages en Afrique, où seront déportés nos adversaires. J'applique en outre cent cinquante millions à favoriser le développement des associations, et je réserve le surplus pour les éventualités d'une guerre générale.

Les législateurs de *la Marianne* s'inspirent, au nom de la fraternité sans doute, des mêmes idées. La justice saisissait naguère des décrets rédigés à l'avance. Ecoutez ce qu'ils nous préparent :

Au nom de la révolution, la commission révolutionnaire décrète : Toutes les lois antérieures sont supprimées ; tous les corps constitués sont dissous ; tout individu possédant plus de cinquante mille francs est exproprié ; il sera dressé un inventaire dans chaque commune, concernant les produits de toute nature, lesquels produits seront déposés à la garde du peuple.....

Abolition de l'Église...... arrestation de tous les nobles, de tous les fonctionnaires supérieurs et de tout individu ayant plus de cent mille francs ; les biens des dénommés confisqués. L'État ne reconnaît pas de dette publique....

L'on reprochait à l'un des fanatiques, qui délibéraient sur ces projets de loi, d'avoir ajouté qu'il fallait organiser la terreur, *la purge légale ;* il déclara qu'on avait exagéré ses paroles, et qu'il avait dit seulement : *qu'on fusillerait tous ceux qui, dans les vingt-quatre heures, ne se seraient pas présentés aux mairies.*

Je pourrais multiplier ces citations extraites de documents authentiques, et déjà produits dans des débats publics. Mais je me borne aux documents qui intéressent notre pays et qui ont été adressés *aux comités et aux patriotes de l'Ouest.* Ils dévoilent les intentions des sectaires dont nous sommes entourés; et ils montrent que *la Marianne* n'a pas d'autre politique que la convoitise. Les organisateurs veulent accumuler les ruines pour conquérir les avantages matériels du pouvoir ; la plèbe aspire aussi au désordre afin d'y trouver l'occasion de s'emparer du bien d'autrui.

Que les hommes honnêtes de tous les partis réfléchissent, comprennent et voient si toutes les dissidences ne doivent pas s'effacer devant le péril commun ; et s'il ne leur reste pas de plus pressants et plus sérieux devoirs que de disputer sur le nom ou la forme de l'autorité !

L'attaque d'Angers est maintenant expliquée. Plus qu'ailleurs *la Marianne* y a abdiqué tout caractère politique. Elle a secoué le joug de ce qu'elle appelle *la haute démocratie.* C'est à moi que l'ont déclaré les condamnés correctionnels de 1853. Ceux qui ont importé l'association dans nos murs sont débordés, et ils ne trouveraient pas grâce devant la foule qu'ils ont pervertie. Tout homme vêtu d'un habit, possesseur d'une parcelle du sol, et qui ne vit pas seulement du travail de ses mains, est condamné par la logique impitoyable des niveleurs. C'est ainsi qu'a toujours fait la démagogie. Tout ce qui n'est pas au dernier rang de l'échelle sociale devient à son tour coupable d'aristocratie ; il arrive infailliblement un jour où, pour la vengeance de leurs victimes, les révolutionnaires tombent, frappés des armes qu'ils ont forgées.

Ce qui amenait les bandes de *la Marianne* à Angers, c'était donc une tentative de guerre sociale. C'était la lutte de la fainéantise et de la débauche contre l'ordre et le travail ; véritable jacquerie qui n'eût réussi un instant que pour faire des malheurs irréparables, et périr noyée dans le sang.

Qu'on ne m'accuse pas d'exagérations ! J'ai montré, par les écrits émanés des chefs du parti et destinés *aux comités de l'Ouest*, quelles étaient les tendances générales de *la Marianne.* Pour bien vous rendre compte des projets particuliers des affiliés de Maine et Loire, rappelez-vous les sinistres menaces qui partout et à la même heure retentissaient autour de nous. Que disait-on ?

A Montrevault : *pas de noblesse, pas de clergé! Leur bien se vendra, comme l'on a déjà fait.* A Chalonnes : *à bas les tyrans ! Le feu dans tous les quartiers ! Le pillage, le sang de tous ceux qui veulent nous faire mourir de faim ! C'est le seul cri adopté. Ah! tremblez, riches sans cœur, sans humanité. Le jour est pourtant arrivé où vous allez être payés de tous vos bienfaits.* Dans une autre ville : *vive Charlotte pour les bourgeois,* — et vous savez ce que cela veut dire dans l'argot des sociétés secrètes et des prisons, —

sous peu de temps Charlotte fera son jeu. Sur un autre point du département : *au signal donné nous nous lèverons en masse et nous détruirons les municipalités, le clergé et la noblesse. On nous promet ensuite trois ou quatre jours de pillage, et, l'ordre rétabli, nous rentrerons dans nos foyers.* Hier encore, je recevais d'ignobles placards, arrachés aux murs d'une ville voisine, et terminés tous par les mêmes imprécations : *mort aux prêtres et aux nobles!* A Montsoreau, une bande épiait la nouvelle du succès de l'insurrection d'Angers, et se préparait à l'action, en délibérant sur le nom des propriétaires qui devaient être pillés et massacrés. Je pourrais, si je le voulais, nommer le seul propriétaire qui, après délibération, a été jugé digne d'être épargné, et énumérer ceux dont le sacrifice a été résolu. Dans un autre chef-lieu de canton, qu'il m'est encore interdit d'indiquer, le massacre était aussi discuté. Les propriétaires voués à l'assassinat et à l'incendie étaient désignés, — je pourrais également les nommer ; — et chaque œuvre de destruction était confiée à des hommes qui s'en chargeaient sans hésiter. Attibert, d'ailleurs, l'annonçait pour Angers avec une audace qui tient de la folie furieuse : *Nous pouvons piller, voler, incendier et tuer à notre aise.* Ajoutons, comme curieuse preuve des projets de *la Marianne*, la déclaration d'un affilié, le nommé Desportes qui, lorsqu'on s'étonnait que son aisance et sa famille honorable ne l'eussent pas éloigné d'une pareille association, répondait naïvement : *je m'en suis mis pour ne pas être pillé.*

Un infâme serment lie les affiliés. Il fait d'eux des sicaires, instruments passifs, abdiquant leur volonté et leur conscience, et jurant d'obéir à tous les ordres sans les discuter, ni les comprendre. Ce serment est précédé de l'éternelle mise en scène des sociétés secrètes : les yeux bandés, le poignard, la nuit, la solitude, toute cette fantasmagorie qui serait ridicule, si elle ne servait à surexciter et fanatiser les adeptes. Le premier engagement est la renonciation aux devoirs les plus sacrés de la famille et l'abandon, au moindre signal, de tous les parents, père, mère, femme et enfants, fussent-ils couchés sur leur lit de mort. Ils s'engagent ensuite à frapper toute personne, qu'il plaira à leurs maîtres de désigner à leurs coups. Dans ces derniers temps cette vague formule paraît s'être précisée, et l'on a juré successivement d'assassiner l'Empereur, le chef de l'État, *le Gouverneur.* Ainsi, Roi, Empereur, Président d'une république, qu'importe? Mort à tout homme qui gouverne, c'est-à-dire, qui exécute les lois. Guerre à toute autorité, quel que soit son principe. Malheur à tout pouvoir, quel que soit son nom ! Le poignard des affiliés de *la Marianne* lui est réservé.

C'est le même sentiment qui leur fait détester et insulter l'armée. Quand nos braves soldats meurent pour la gloire du pays, quand ils font l'admiration du monde, et arrachent à leurs adversaires des hommages de respect, on entend ces patriotes, comme ils s'appellent, faire des vœux impies pour nos ennemis. J'ai là, sous les yeux, un rapport où, dès le 6 mai 1854, l'on me signalait la présence aux carrières d'un émissaire qui disait : *si les Russes sont vaincus, notre cause est ajournée à longtemps.* Lors de notre première tentative sur Malakoff, on a vu les affiliés de *la Marianne* colporter joyeusement la triste nouvelle, se féliciter hautement de l'insuccès, si bien réparé depuis, et insulter audacieusement à nos morts glorieux. Actuellement encore, une lettre circule à Trelazé ; elle vient de Jersey ; elle présente notre armée comme anéantie par le feu de l'ennemi et par la maladie, et elle fonde sur ces désastres imaginaires l'espérance du succès de la démagogie. Aussi l'annonce de la victoire les a désolés. Ils ont longtemps refusé d'y croire. Mais dès qu'il ne leur a plus été possible de douter, leur désespoir est devenu évident. Et ils ont raison de se désespérer du triomphe de nos soldats ; car les vainqueurs de Crimée n'accepteront pas le socialisme ; et tant qu'il y aura en France, je ne dis pas une armée, mais un régiment, un seul, commandé, comme ils le sont tous, par un homme de cœur, les pillards ne lèveront la tête que pour être écrasés.

Insultez donc l'armée ! Je n'en suis pas surpris. Elle a toujours été outragée et humiliée par la démagogie. Mais oser dire, en face des jurés qui tiennent votre sort entre leurs mains; en face de ces braves gens, honorés de l'uniforme et qui brûlent de partager les dangers de leurs camarades; en face de cet auditoire, où se trouve peut-être un père, un frère, un ami, attendant avec anxiété, des plages de la Crimée, les nouvelles d'un être chéri, ou conservant précieusement, au fond de son cœur, le douloureux souvenir d'un deuil irréparable; oser prononcer ces abominables mots : *nous venions faire à Angers ce que vous avez fait à Sébastopol !* C'est le comble de l'infamie ! Il ne leur manquait que cette honte ! *Nous venions faire à Angers ce que VOUS avez fait à Sébastopol !* Ainsi, quand tout ce qui sent battre dans sa poitrine un cœur honnête implore le ciel pour notre drapeau; quand tout ce qui s'honore d'être français, quel que soit son parti, accueille avec joie et fierté les succès de nos soldats; voilà des hommes qui répudient notre drapeau et notre armée, qui se placent dans le camp ennemi, et qui n'attendent leur triomphe que des revers de nos armes ! Ah ! faites la guerre à votre pays; vous en avez le droit, car vous ne lui appartenez plus ! Mais ne vous plaignez pas s'il vous traite en ennemis !

Vous savez maintenant ce qui germe dans les conciliabules de *la Marianne*. Vous connaissez les aspirations de cette association perverse. Espérance de révolution sociale pour les chefs de Paris ou de

Londres ; brigandage organisé pour la foule : voilà le fond de la pensée de ceux qui commandent et de ceux qui obéissent. L'assassinat est le moyen, la dévastation le but ; et les plus modérés se contentent de *quatre jours de pillage*, promettant de rentrer ensuite dans l'ordre, afin de jouir en paix de la dépouille des victimes.

Les progrès de *la Marianne* ont été rapides et immenses. En trois ans elle a envahi autour de nous des populations jusque-là honnêtes ; elle les a corrompues, et, d'ouvriers paisibles, elle a fait de dangereux sectaires. Le mal est grand ; mais il est connu. Les mystères sont dévoilés, chaque jour nous révèle de nouveaux affiliés. Nous en purgerons le pays, soyez-en sûrs. Pour cela il nous faut votre concours, et il ne nous manquera pas.

Voilà cinquante-huit accusés, tous coupables de crimes punis de la dernière peine par la loi commune, tous convaincus d'un attentat, dont le but était de porter la dévastation, le pillage et le massacre dans la commune d'Angers. C'est le premier chef d'accusation, celui qui renferme la véritable appréciation et la qualification légale des faits. Vous savez que plusieurs accusés ont été arrêtés à minuit, sur le Champ-de-Mars, avant l'arrivée de la bande de Trélazé. On vous posera pour eux une question subsidiaire de complicité. Vous y répondrez selon votre conscience.

Mais qu'ils soient atteints comme auteurs ou complices, la répression sera la même. Quelques accusés ont exercé dans les bandes un emploi ou un commandement. Plusieurs ont été saisis sur le lieu de la sédition. Beaucoup étaient porteurs d'armes, et trois en ont fait usage dans des circonstances d'une gravité exceptionnelle. Enfin vous aurez à statuer sur de nombreux actes de pillage. Tels sont les différents chefs d'accusation que vous aurez successivement à examiner.

Tout cela doit être encore un peu confus dans vos esprits, malgré l'attention scrupuleuse que vous avez accordée à ces longs débats, et malgré l'admirable précision avec laquelle l'éminent magistrat, Premier Président de la Cour Impériale, a dirigé cette difficile affaire. Je m'efforcerai de suivre ses traces et d'établir clairement la situation de chaque accusé. Avant tout je dois fixer le caractère légal de l'accusation.

Il y a quelques années, cette accusation aurait menacé de la peine capitale tous les coupables. Mais la Constitution de 1848 a aboli la peine de mort en matière politique ; et une loi, du 8 juin 1850, l'a remplacée par la déportation dans une enceinte fortifiée hors du territoire français. Dieu veuille que la société n'ait jamais à regretter cette innovation, assurément digne d'approbation pour les égarements purement politiques, mais dont le brigandage est indigne, quels que soient ses prétextes ou ses causes. La loi a donc prononcé; et comme l'article 91 du Code pénal, qui punit l'attentat, est compris dans un ensemble de dispositions qui affectent les intérêts généraux de la société, un semblant politique protége les accusés. Nous y trouverons au moins cet avantage de mettre vos consciences à l'aise, car votre suprême sévérité n'aura d'autre effet que d'éloigner du pays des hommes qui en repoussent la civilisation et les lois. Quelques coupables vous sembleront sans doute mériter l'indulgence. Je les rechercherai moi-même. Pour y parvenir je vous dois d'abord une rapide relation des faits.

Depuis plusieurs mois, de graves symptômes d'agitation étaient remarqués à Angers, à Trélazé et aux Ponts-de-Cé. Les grèves et les coalitions, que nous avons dû successivement réprimer depuis quelques mois, étaient les avant-coureurs de désordres plus graves. Des propos incendiaires circulaient aux carrières et dans d'autres ateliers. Les passions démagogiques s'exaltaient. Tout cela préoccupait l'autorité; mais personne ne pouvait supposer le soulèvement audacieux, dont nous avons été témoins. Les esprits les plus alarmistes auraient cru calomnier *la Marianne* elle-même, en lui attribuant les sinistres projets, dont nous avons vu l'explosion. L'autorité veillait toujours; mais rien n'annonçait l'imminence du danger, quand le 26 août, M. le Préfet reçut l'avis que dans la nuit suivante, la ville devait être attaquée. Il doutait; car comment admettre cette folle audace? Il crut cependant devoir prendre des précautions, dont les événements ont démontré la sagesse. Les principaux représentants du pouvoir furent convoqués, et les troupes préparées; la police fut mise sur pied. La soirée s'avançait, et rien n'annonçait le mouvement quand, vers minuit, trois inspecteurs de police, avertis, par hasard, qu'une réunion de trente à quarante personnes s'était formée sur le Champ-de-Mars, s'y rendirent, accompagnés de deux soldats. Ils reconnurent le rassemblement, l'attaquèrent bravement, le dispersèrent et arrêtèrent quatre personnes: l'une d'elles avait les poches remplies de balles et de poudre. Le brigadier Dune, immédiatement prévenu, accourut et vit un autre rassemblement de quarante hommes environ, marchant silencieusement et en bon ordre dans la promenade du Mail. L'inspecteur Picherit s'avance et aperçoit à la tête du rassemblement un homme armé d'une hache. Picherit l'aborde résolument, la hache est levée sur sa tête, mais déjà le sabre de l'inspecteur menaçait la poitrine de son adversaire, la hache tombe, l'homme est arrêté. La bande se disperse; Dune poursuit les fuyards; il en prend un armé d'une pique; il revient sur le Champ-de-Mars et saisit deux autres hommes, malgré leur vive résistance. Tout cela fut exécuté avec autant d'intelligence que de courage, et M. le Premier Président a rendu aux inspecteurs de police, avec la haute autorité qui lui appartient, un public hommage, auquel je ne puis rien ajouter.

Quels étaient les hommes fortuitement arrêtés au milieu des deux bandes ? Circonstance bien remarquable ! Tous se sont trouvés des chefs signalés de *la Marianne* et des perturbateurs habituels de notre ville. C'est :

Secrétain, qui assume la plus lourde responsabilité dans la conception et la perpétration du complot, et sur lequel j'aurai à revenir.

Guérin, l'homme de tous les désordres, deux fois condamné correctionnellement pour provocation à la révolte et pour coups, arrêté, armé d'une lance, par le brigadier Dune.

Frouin, Eugène, déjà condamné pour rébellion. C'est lui qui dirigeait la bande du Mail et qui a levé sa hache sur la tête de Picherit.

Frouin, François, déjà poursuivi pour affiliation à *la Marianne*, dont la demeure servait aux conciliabules de la société, et qui accompagnait Secrétain sur le Champ-de-Mars.

Chauvin, condamné à treize mois d'emprisonnement pour affiliation à *la Marianne*, arrêté par le brigadier Dune, et qui, lorsqu'on le conduisait en prison, a dit à M. le commissaire de police de Nocé : *vous avez la première manche, j'en serai quitte pour trois mois, après cela nous jouerons la belle.*

Harrouin, arrêté avec Chauvin, après une longue résistance et condamné pour cris séditieux.

Que faisaient de pareils hommes, tous anciens membres de *la Marianne*, réunis après minuit sur une place publique? Ils se promenaient, disent-ils; pitoyable allégation qui ne se discute pas! Ils se promenaient, au milieu de la nuit, en rangs, armés! A qui espèrent-ils faire accepter une pareille explication? Ce qu'ils faisaient, vous le savez; ils attendaient la bande de Trélazé. Eugène et François Frouin l'avaient annoncé en ces termes à leur ami Longuère : *il va se passer quelque chose, les ordres sont arrivés de Paris; c'est pour cette nuit; le lieu de la réunion est au Mail.* Aussi l'accusé Deshayes, apprenant le lendemain matin les arrestations du Champ-de-Mars et du Mail, disait avec raison : *le comité a été ramassé cette nuit.* Pourquoi discuter d'ailleurs quand Secrétain était là, Secrétain, le chef reconnu de tous? Encore une fois c'était le contingent d'Angers qui se rassemblait; et, par les six qui ont été arrêtés, vous pouvez juger de ce que devaient être les autres.

Il n'y avait plus de doute. Les avertissements, reçus par M. le Préfet, étaient sérieux. A partir de ce moment la surveillance redoubla, dans l'attente d'événements graves. Le temps s'écoulait cependant et rien n'apparaissait, quand, vers deux heures, un gendarme accourt, annonçant l'attaque de la gendarmerie de Trélazé. Les troupes sont appelées. M. le Général, commandant le département, ne veut laisser à nul autre le soin de les diriger. M. le Préfet, et les Magistrats dont il est entouré, s'avancent à l'entrée du faubourg Bressigny et s'apprêtent à la résistance. Pendant quelque temps encore rien ne trouble le silence de la nuit. Mais, entre trois et quatre heures, un nouvel avis apprend que six à sept cents hommes armés se sont attroupés aux Plaines, sur le confin des communes d'Angers et de Trélazé, et qu'ils marchent sur la ville, tambour en tête, désarmant sur leur passage tous les citoyens paisibles. Bientôt en effet des chants et des cris tumultueux annoncent l'approche de la bande. Elle s'avance dans le faubourg, arrive au pont Saint-Joseph, s'arrête et hésite. *Où sont donc*, disent les chefs, *les ouvriers de la ville?* Ignorant la dispersion du rassemblement du Champ-de-Mars, ils attendent le contingent promis qui doit les renforcer et les guider. Pendant ce temps d'arrêt, Mlle Chapeau les voit aiguisant leurs armes sur les parapets du pont. Après ces quelques instants d'hésitation ils se remettent en marche, au commandement d'un homme qui les dirige le sabre à la main, et ils s'avancent résolument sur la ville. Mais d'habiles et énergiques dispositions avaient été prises. La petite troupe, aux ordres du Général, avait été divisée en deux sections; elle court par les rues latérales pour envelopper la bande, tandis que la gendarmerie l'aborde en face. Les émeutiers se préparent à la lutte; des deux côtés les fusils s'abaissent; les gendarmes, aussi modérés que braves, ne veulent pas tirer les premiers coups et ne répondent que par un dédaigneux silence aux menaces et aux cris des révoltés. Ceux-ci avancent toujours, et une collision sanglante était imminente, quand une section de la troupe de ligne paraît par la rue Hannelou. Le brigadier de police Dune court sur la bande, il est mis en joue par un homme qu'il renverse et désarme ; la troupe s'avance, le désordre se met dans les rangs des révoltés, quelques-uns reculent, les plus déterminés résistent. La gendarmerie, la troupe de ligne et les inspecteurs de police se précipitent sur eux et les dispersent. C'est dans ce moment que M. le substitut du Bodan, couché en joue par un forcené, se jeta sur lui et lui arracha un fusil chargé et armé. Dès lors la déroute des insurgés est complète : ils fuient, abandonnant leurs armes, et on arrête sur les lieux :

Fouin, bon et honnête ouvrier avant de tomber dans les sociétés secrètes, mais devenu ensuite un fanatique perturbateur. Il a déjà été condamné pour affiliation à *la Marianne* dans des circonstances qui méritent d'être rappelées. Il figurait dans une réception nocturne aux portes de la ville. L'initié hésitait devant l'affreux serment. Fouin saisit un poignard, et il faisait le simulacre de frapper, quand un des assistants retint son bras. Fouin habite Angers, et il était allé coucher à l'extrémité du faubourg, afin d'être plus près du foyer de l'insurrection et de guider la bande de Trélazé. Guérin l'a entendu donner des instructions au conducteur de la charrette chargée d'armes, afin d'éviter la troupe et de s'avancer au centre de la ville par les rues restées libres.

Hamard; lui aussi avait de bons antécédents avant de faire partie de *la Marianne;* mais sa corruption a été grande, car il s'était chargé de conduire à Angers les poudres qu'il avait pillées aux carrières. Il prétend qu'il ne savait pas où il dirigeait cette charrette, et qu'il l'accompagnait pour la surveiller dans l'intérêt de ceux à qui elle appartenait. Une pareille allégation ne mérite pas d'être discutée.

Houdebine, signalé par son inconduite et son immoralité, un des plus acharnés à l'attaque de la gendarmerie de Trélazé. Cet homme a pourtant eu un bon mouvement. *Ne tuons personne*, a-t-il dit, quand la vie des gendarmes était menacée. Qu'on lui tienne compte de ce mot, cela est juste, mais qu'on s'en souvienne pour bien apprécier ce que les assaillants eux-mêmes pensaient du but de l'attaque.

Ubarin, Urbain, père, débauché et violent, saisi porteur de balles et armé d'un fusil chargé. Il a pris part au pillage de Launay. Gazeau l'a vu commandant une section aux Plaines. Il s'est montré l'un des plus acharnés à Angers. Loin de fuir à l'aspect de la force publique, il s'est engagé dans l'intérieur de la ville et n'a été arrêté qu'au Champ-de-Mars.

Ubarin, Urbain, fils, dont la conduite était bonne, et dont les habitudes étaient laborieuses, arrêté aussi au Champ-de-Mars, armé d'un sabre volé à Gaspalon. Cet accusé mérite quelque indulgence à cause de ses antécédents, et surtout à cause de l'entraînement auquel il a cédé, en suivant le mauvais exemple que n'a pas craint de lui donner son père.

Lemeunier, remarqué depuis longtemps par son ivrognerie, sa violence et ses propos menaçants. Il a pillé la maison de la femme Gouzé et a menacé cette femme d'un coup de sabre. Il a été saisi armé d'un fusil de pompier. Pour toute excuse, il prétend qu'il était ivre. Qu'importe? Je le dis, et pour Lemeunier et pour tous ceux qui se réfugient dans une pareille justification, elle est inadmissible. Je comprends qu'avant de se ruer sur Angers on ait cherché à s'exciter et à s'enhardir. Dans cette préméditation, je vois plutôt une aggravation qu'une atténuation du crime.

Maillard, violent et débauché, a participé activement au pillage d'un grand nombre de maisons. Ses propres paroles le condamnent. Il disait chez Volant : *la France est soulevée; les chemins de fer vont être coupés; si vous ne partez pas, vous serez assassiné.* C'est lui qui disait aussi dans la prison, en présence de Bridier : *M. Sigogne est bien heureux que mon fusil ait raté.* Il a été arrêté par M. le commissaire de police de Nocé, brandissant un sabre qu'il avait enlevé de force chez Lebreton.

Maurat, signalé par son ivrognerie et sa détestable conduite; remarqué au pillage des maisons Sigogne et Gaultier, où il était armé d'un sabre. Il a été arrêté de la main de M. le premier avocat général de Bigorie, qu'il menaçait d'une épée enlevée au brigadier de gendarmerie de Trélazé. Initié à tous les projets de *la Marianne*, il annonçait, dès le 21 août, à Guérin, que *le grand coup allait bientôt être porté.*

Cachet, ivrogne et méchant; il assistait au désarmement de Launay et à l'attaque de Sigogne. C'est lui qui, au milieu des cris de mort vociférés contre Sigogne, et quand de toutes parts retentissaient ces mots : *tuez-le, tuez-le!* a proféré ces infâmes paroles : *si j'avais un fusil, ce serait bientôt fait.* C'est lui encore qui, le 26 au matin, disait à la femme Gaignard, sa voisine, en voyant passer une voiture : *ça vous étonnerait bien, si dans deux jours vous me voyiez à la place de ce bourgeois. — C'est que vous auriez acheté la voiture*, répondit la femme Gaignard. — *Bah! vous ne comprenez pas*, répliqua Cachet. Ainsi se manifestaient à l'avance les cupides et envieuses passions de Cachet; et le véritable caractère de ce propos a été clairement démontré par le cynisme avec lequel l'accusé l'a avoué devant vous, en cherchant à en atténuer la gravité par d'ignobles plaisanteries.

Peu après ces arrestations, une tentative était faite pour arracher Ubarin père aux agents de la force publique; et c'est dans cet acte de rébellion que fut arrêté :

Bridier, deux fois condamné pour abus de confiance et pour coups, et qui avait figuré, au premier rang, dans l'attaque de la gendarmerie de Trélazé et dans le pillage des magasins de la carrière de l'Ermitage.

Tous ces accusés font partie de *la Marianne*. Tous, sauf Hamard et Ubarin fils, ont préludé aux crimes qui les amènent devant vous par l'inconduite, la paresse et l'ivrognerie. Si je parle de ces antécédents, c'est qu'ils sont irrécusables. Ils ont été recueillis, sur les lieux, par un membre du parquet de la Cour, qui a fait une minutieuse enquête, dans laquelle il a résumé l'opinion des fonctionnaires et des hommes les plus honorables de la commune. Quelques-uns de ces documents ont été contestés par M. Gaudry, l'ancien maire de Trélazé. Je n'admets pas ce contrôle; M. Gaudry est le parent des accusés, dont il a cru devoir prendre la défense. Je n'insiste pas davantage dans l'intérêt de M. Gaudry, qui me comprend sans doute. Je maintiens donc la parfaite exactitude de ces renseignements, que je n'invoque pas seulement quand ils sont défavorables aux accusés, et que je cite, avec plus d'empressement encore, quand ils peuvent être utiles à leur défense.

Ainsi, pour tous les accusés, que je viens de nommer, pas de contestation possible. Ils ont été pris en pleine insurrection, continuant la lutte au milieu de la ville, quand le reste de la bande était en fuite.

Pendant ce temps, une charrette, dont j'ai déjà parlé,

et qui avait stationné auprès du pont Saint-Joseph, sans être remarquée, suivait, à l'instigation de Fouin, la rue Hannelou, traversait le boulevard, et s'engageait dans l'intérieur de la ville. L'inspecteur de police Picherit avait été chargé de mettre en sûreté un faisceau d'armes abandonnées par les révoltés. Il arrivait, seul et chargé de ces armes, à l'entrée de la place du Ralliement, quand il aperçoit plusieurs hommes, armés de fusils, et plus loin la charrette que ces hommes semblaient protéger et escorter. Il a le pressentiment qu'elle appartient aux insurgés, et, sans songer au danger, il dépose son fardeau, saisit son épée et se précipite en criant : *à moi, la garde !* A ces mots, l'escorte s'enfuit, croyant que Picherit est suivi et va être soutenu ; il arrête la charrette et le conducteur qui sont immédiatement dirigés vers l'hôtel de la Préfecture. On fait de suite l'inventaire exact de ce que contenait la charrette ; on y trouve : quatre fusils, un sabre, une pique, deux haches, un pic, des leviers, trois tarières, trois rouleaux de mèches et deux cent un kilogrammes de poudre de mine. Voilà la meilleure explication du mouvement ! Mieux que toute argumentation, cette charrette, cette poudre de mine, ces outils que vous avez sous les yeux, auxquels il faut ajouter les couteaux de boucher, distribués aux Ponts-de-Cé par un accusé de la deuxième catégorie, le nommé Goré, tout cela démontre les intentions des malfaiteurs. Je l'ai dit, et je le répète, il y a là des instruments qui ne servent qu'aux voleurs avec effraction et aux incendiaires.

Grâce à la vigilance de l'autorité, au courageux dévouement des inspecteurs de police, à l'intrépidité de la gendarmerie et de la troupe de ligne, Angers était sauvé, non d'une révolution politique, non des lois de Secrétain, de la domination d'Attibert, ou des proscriptions de Pasquier, mais de l'envahissement momentané d'une bande de pillards nocturnes, et des incalculables malheurs privés qui en auraient été la suite. Eux aussi étaient sauvés, car il se serait trouvé parmi nos concitoyens des hommes de cœur pour faire ce qu'ont fait quelques braves témoins, pour repousser la force par la force, pour défendre l'inviolabilité du foyer domestique et la pudeur des familles. Au milieu de leur triomphe, ces pervers eussent rencontré une justice expéditive qui leur eût fait payer cher leurs succès d'une heure, et leurs cadavres auraient bientôt jonché nos rues.

Plus de doute maintenant sur ce que ces bandes venaient tenter à Angers. Il n'est plus question de réclamations de pain. Les accusés n'osent, en présence de leurs juges, insulter au bon sens public par ces vains prétextes. Pasquier les a réduits à néant, quand, le sourire sur les lèvres et avec l'accent de la vanité satisfaite, il vous disait que *cela avait été imaginé pour ne pas effrayer les autres.* Cette allégation s'est évanouie devant les orgueilleuses prétentions des chefs. Eux, prendre les armes pour la taxe du pain ! Avec quel dédain ils repoussent une préoccupation si mesquine ! Ces vulgaires intérêts sont-ils dignes de philosophes qui méditent sur le principe des lois, l'avenir des sociétés et les destinées de l'homme !... Tout cela s'est évanoui surtout devant cet arsenal, apporté la nuit, au tocsin de la Marseillaise.

Une plus noble explication a été cherchée. Jusqu'ici les oracles se taisaient. Ils daignent enfin parler. Ils ont dit qu'ils faisaient de la politique. Ils ont la prétention d'une opinion. Ils l'ont dit ; et les autres accusés, qui les écoutent et les imitent, ont balbutié les mêmes mots ; timide écho pourtant, car quand on leur a demandé leurs moyens et leur but, ils ont répondu qu'ils ne savaient vers quelle révolution ils marchaient. Oui, ils faisaient de la politique, à la manière de cette association, née, comme *la Marianne*, de la cupidité et de l'envie, et comme elle, obéissant à d'ignobles serments. Elle s'était organisée pour le vol, et elle le pratiquait ; mais parce qu'elle s'entourait du mystère des sociétés secrètes et affectait des prétentions philosophiques, on l'a vue invoquer des convictions et parler d'opinion. Le bagne a fait justice des *communistes matérialistes*.

Vous, des hommes politiques ! Qu'on en juge par vos révélations ! Vous nous avez appris vos projets ; vous avez prononcé votre condamnation.

Quand l'insurrection se prépare, partout retentissent des propos annonçant le pillage et le massacre. Je cite textuellement.

Trideau et Voisine disent : *les ouvriers marcheront et seront les maîtres.*

Aubry et Girouard : *nous allons faire le bouleversement et le branle-bas à Angers.*

Coué et Leroy : *on fera le massacre et le carnage de la gendarmerie.*

Hyver a entendu, le dimanche, un inconnu dire : *c'est cette nuit que le mouvement aura lieu. On commencera vers une heure et l'on brûlera la ville.*

Cachet, vous le savez, se promettait la prochaine possession d'une voiture qui passait devant sa porte.

Chauveau, causant avec Tureau, accusé de la deuxième catégorie, lui annonce le projet *d'aller payer son boulanger. — On ne paie plus*, répond Tureau. — *Si le boulanger m'en dit autant, je rapporterai mon argent*, réplique Chauveau. — *Ah! ça finira et ça sautera bientôt*, dit enfin Tureau.

Une fête de famille avait, le dimanche soir, réuni plusieurs ouvriers chez Béchet. Cette fête dégénéra en un véritable guet-apens. Il y avait là Mathurin Bazile, Pasquier et Deshayes. Ils désarmèrent Béchet et voulurent l'entraîner à Angers. Béchet s'y refusait. Pour le décider, quel argument employaient les trois accusés que je viens de nommer? *Venez*, disaient-ils, *tout va être à nous.*

Peu après Pointeau, Gavalan, Négrier et Trideau envahissaient violemment le domicile de Defayes, et lui annonçaient *qu'ils allaient mettre le feu aux quatre coins de la ville.*

Quand Gouzé était forcé de se joindre aux accusés, sa femme, voyant l'impossibilité de résister, l'engage à se munir de quelque argent. *Il n'y en a pas besoin*, répondent les envahisseurs, parmi lesquels se trouvait Janvier, *on en trouvera par là.* Entraîné violemment aux Plaines, Gouzé entend une partie des discours d'Attibert, celle dans laquelle il menace les récalcitrants *de les faire fusiller;* et de tous côtés on accueille les paroles d'Attibert par des vociférations qui rappellent au témoin ce qu'il a entendu dire peu auparavant : *on prendra tous les nobles, tous les prêtres, tous les propriétaires de plus de douze à quinze cents francs de revenu, et on leur coupera le cou.* Gouzé est ensuite entraîné vers Angers et l'on répète autour de lui : *c'est aujourd'hui que les dettes sont payées et que les comptes sont réglés;* et les mêmes voix annoncent : *que le signal sera le feu aux quatre coins de la ville.*

Passedoué, contraint aussi lui de marcher, entend des propos qui lui font comprendre *qu'il s'agit de piller et de saccager.*

Grimault, également entraîné par la violence, voit bien, par tout ce qui se dit autour de lui, *qu'il ne s'agit que de massacre et de vol.*

Enfin Vivant, accusé de la deuxième catégorie, laissait échapper ces abominables paroles : *il n'y a pas assez de nobles et de prêtres ; il faut les couper en deux, pour en avoir davantage.*

Voilà la politique des accusés ! Voilà l'expression textuelle de leurs pensées, et la révélation formelle de leurs projets ! Aujourd'hui encore, les pensées et les projets n'ont pas changé ; et, de leur sauvage entreprise, ils n'ont d'autres remords que l'insuccès.

Girouard, le lendemain de l'attaque, menaçait audacieusement ceux qu'il avait pillés la veille, et disait : *ça recommencera ce soir, nous serons dix mille.*

Richard, accusé de la deuxième catégorie, déclarait : *qu'on s'y était mal pris, et qu'on aurait dû incendier la maison du régisseur.*

Et Chauvin qui a déjà été condamné et qui a recommencé, il osait dire, vous le savez, à M. le commissaire de police de Nocé : *qu'il jouerait la belle après trois mois de prison.*

Jugez maintenant, Messieurs les Jurés, de ce qui germe au fond du cœur des accusés ! Voyez ce qu'ils voulaient et ce qu'ils veulent encore ! Ils n'en font pas mystère, et l'expression la plus caractéristique de ces aspirations de meurtre et de spoliation, nous la trouvons toujours dans les paroles d'Attibert, paroles qu'il ne faut jamais oublier et qui rendent indignes de pitié tous ceux qui oseront désormais s'affilier à *la Marianne : nous pouvons voler, piller, incendier . . .*

. . . . *et tuer*, si Bridier dit vrai ; et cet homme dit vrai, car on ne peut espérer le pillage, sans compter sur quelque résistance, et alors le meurtre est l'inévitable conséquence du vol. C'est l'idée fixe et dominante de tous les conciliabules de *la Marianne*. Partout où nous la rencontrons nous trouvons, pour mot d'ordre, le pillage et le massacre des prêtres, des nobles et des riches.

Je vous ai fait connaître les accusés arrêtés en flagrant délit, sauf Secrétain. Il est temps de parler de cet homme et de ceux que l'accusation lui associe comme chefs.

Ils sont trois qui occupent un rang à part : Secrétain, Attibert et Pasquier.

Secrétain a été saisi sur le Champ-de-Mars, entre minuit et une heure, par l'inspecteur de police Cesbron. Il était muni de poudre et de balles ; et il avait été vu avec un fusil. Il nie ces deux circonstances, malgré le témoignage irrécusable de l'inspecteur de police. Mais vous avez remarqué que, autant Secrétain met de forfanterie à reconnaître ce qui flatte sa vanité, autant il met d'obstination à nier ce qui la blesse. Fier d'avoir reçu les ordres de Paris et de les avoir apportés à Angers, il avoue volontiers ce rôle qui grandit son importance. Honteux d'avoir fui sans combat et d'avoir été pris à la course par un seul inspecteur de police, il voudrait dissimuler cet épisode qui froisse son amour-propre, et il nie tout ce qui s'y rattache, jusqu'à la circonstance matérielle des vingt balles saisies sur lui. Ceci peint le caractère de Secrétain et explique sa conduite et ses paroles. Il se pose comme l'instigateur principal du mouvement ; il en a le droit. Ce rôle et cette responsabilité lui appartiennent. Son autorité était universellement reconnue par les membres de *la Marianne*. Ainsi, le 20 du mois d'août, Ribourg disait à Thébault : *Secrétain est parti pour Paris. Il va y avoir du tumulte et du changement. S'il ne fait pas ses affaires à Paris, il ira à Londres.* En effet, Secrétain a été absent, du 18 au 25 août. Ce voyage tenait aux intérêts généraux de *la Marianne*, car les frais en ont été couverts à l'aide d'une somme d'argent, remise à Secrétain, dans le cabaret de Sarrazin, par Pasquier et Jean Bazile. Cette circonstance est niée, mais elle n'est pas contestable puisque Jean Bellanger en a été témoin. Tous les accusés attribuent à Secrétain le rôle le plus important; Gazeau, notamment, lui a reproché sa fatale influence en termes d'une remarquable énergie. Secrétain est-il allé à Paris ou à Londres ? Lui seul le pourrait dire, et il s'y refuse. Il a fait certainement un séjour à Paris, mais il ne veut indiquer ni le quartier qu'il a habité, ni les personnes avec lesquelles il s'est trouvé en relations. Aux questions qui lui ont été adressées à ce sujet, il s'est borné à répondre : *ceci me regarde.* Il avait moins parlé encore dans l'instruction écrite, et il s'était renfermé dans un obstiné silence, après cette déclaration emphatique : *j'ai toujours été un honnête homme, et je n'ai jamais travaillé que dans le but d'être utile à mes semblables.* Devant vous il a eu le malheur d'en dire davantage. C'est avec un sentiment profond de pitié que je l'entendais parler avec calme du renversement du gouvernement, et de l'avénement de la république démocratique et sociale, critiquer et proscrire des lois qu'il n'a jamais lues, rêver un rôle de réformateur, et se poser en arbitre infaillible des plus difficiles problêmes. C'est avec indignation que je l'écoutais, quand il osait dire, affectant un imbécile dédain pour des institutions qu'il ne comprend pas, *que la France est avilie.* La France avilie ! Secrétain, l'ouvrier de carrières, le proclame ! Avilie ! sans doute parce qu'elle grandit à l'ombre des lois, et triomphe magnifiquement dans l'industrie comme dans la guerre ! La France avilie ! parce qu'elle révère les principes sacrés de la propriété, de la famille et de la religion ; parce qu'elle méprise les absurdités et les immoralités du socialisme ! Ah ! oui ; elle serait avilie ; oui elle serait l'opprobre du monde, et il faudrait désespérer d'elle, du jour où de tels hommes influeraient, de leur nullité et de leur orgueil, sur ses belles destinées ! Reconnaissez-là, Messieurs, le langage insensé des sociétés secrètes et l'attitude insolente et ridicule des démagogues, enivrés de cupidité et d'envie. Il me semblait assister à une séance de *la Marianne*, quand Secrétain, étudiant son geste et son langage, se prenant au sérieux et se drapant dans sa vanité, osait prétendre *qu'il travaillait au bonheur de ses semblables.* Comment l'a-t-il fait jusqu'ici ? En couvrant notre pays d'affiliations, en assujettissant à un serment odieux des jeunes gens à peine sortis de l'enfance, en dévastant la demeure d'ouvriers paisibles, dont le seul tort est d'avoir repoussé ses abominables doctrines, en donnant froidement le signal de la dévastation contre une ville entière. C'est ainsi qu'il travaille au bonheur de ses semblables ! Il prétend régénérer la France ! Comment ? En lui préparant les horreurs d'une jacquerie nouvelle, et en nous livrant de nuit et de guet-apens, aux hordes qu'il a enrégimentées. J'ai assez parlé de Secrétain. Il s'est condamné lui-même.

Attibert ne vaut pas mieux. C'est la même perversité, avec une moindre intelligence. Si l'un affecte un langage sententieux et profond, l'autre a la parole brutale et cynique. Si l'un s'étudie à dissimuler ses mauvais instincts sous la banale phraséologie du socialisme, l'autre étale sans pudeur ses appétits cupides. Attibert voudrait bien transformer son rôle. C'est pour cela qu'il imagine des plans d'insurrection politique, qu'il se dit l'ennemi du Gouvernement. C'est pour cela qu'il ose invoquer ses opinions et ses principes, lui le prédicateur du vol, de l'incendie et du meurtre. En l'écoutant je restais confondu de tant d'audace. Que ces prétentions ridicules et d'invention nouvelle ne nous fassent pas perdre de vue la vérité ! Pendant que Secrétain réunissait au Champ-de-Mars le contingent insurrectionnel d'Angers, Attibert réunissait aux Plaines celui de Trélazé et des Ponts-de-Cé; et c'est là qu'il a si nettement caractérisé le but de l'attaque par cette harangue, qui jette sur notre affaire une si triste lumière : *la république démocratique et sociale est proclamée. La France est en révolution. Nous pouvons piller, voler, incendier et tuer à notre aise.* Ah ! cela se projette dans les bas-fonds des sociétés secrètes ! Cela se dit pour exciter une bande furieuse à l'assaut d'une ville ! Cela s'exécute ou se tente quand il s'agit de couper la tête aux prêtres, aux nobles et aux riches ! C'est par de semblables discours que s'acquiert le droit au commandement parmi les malfaiteurs ! Hier c'était un titre de gloire. Aujourd'hui la responsabilité en est lourde ! Devant la Justice cela ne s'avoue pas ! On joue l'indignation ; on appelle cela *infâme !....* Infâme assurément ! Et que l'infamie vous écrase, car vous les avez prononcées ces exécrables paroles; vous les avez prononcées toutes, toutes, entendez-vous, et elles vous condamnent sans rémission, vous, et tous ceux qui les ont entendues et qui vous ont suivi !

Bridier les a entendues. A ce témoignage accablant Attibert répond par de vaines récriminations. Bridier, dit-il, a subi deux condamnations, et puis c'est un esprit faible. Qu'importent les condamnations? On les savait avant de l'affilier, et ce scrupule n'arrêtait pas alors. Il y a d'ailleurs, parmi les accusés, dix autres condamnés qui ont été trouvés dignes d'être enrôlés dans *la Marianne.* Bridier, esprit faible ! Le reproche vient trop tard. Si Bridier était si pauvre d'esprit, pourquoi l'avoir initié aux projets de *la Marianne?* La vérité est que, si Bridier ne brille pas par une vaste intelligence, il ne vaut, sous ce rapport, ni plus ni moins qu'Attibert et la plupart des autres accusés. La naïveté, qu'on lui reproche, ne saurait infirmer sa déclaration, ce serait plutôt une garantie de sincérité. La seule faiblesse de Bridier a été de reconnaître, quoique trop tard, l'abîme où il a été conduit, de se repentir et de confesser la vérité, chose rare parmi les accusés! Bridier était aux Plaines, et il a entendu le discours. Auguste Gasté et François Gasté étaient aux Plaines, et ils ont entendu le discours. Secrétain a aussi répondu aux frères Gasté par l'insulte : *ce sont des monstres !* C'est lui qui le dit, et c'est lui qui a pris Pierre Gasté, adolescent, orphelin, sans appui et sans guide, et qui l'a corrompu et affilié ! Maintenant il l'outrage. Pourquoi ? Parce que ces deux jeunes gens ont, eux aussi, cédé au repentir et essayé de racheter leur faute par leur sincérité. Gouzé a entendu une partie de la harangue, celle où il était question de fusiller les récalcitrants. Il n'a pu entendre le commencement, mais il a entendu les acclamations qui y répondaient : *c'est aujourd'hui que les comptes sont réglés et que les dettes sont payées.* Et ces acclamations indiquent clairement de quelles provocations elles étaient l'écho. Thibault, Virechien, Minot, que nous avons vus tremblant sous les regards menaçants des accusés, et qui ne peuvent être suspects que d'un excès de partialité pour eux, ont entendu la fin du discours, et *le reste peut-être*, ainsi qu'ils l'ont déclaré devant vous.

Quelque chose a donc été dit. Voilà sept témoins qui rapportent la fin des paroles d'Attibert, et qui sont unanimes sur les derniers mots de son allocution. Attibert nie tout. C'est qu'il comprend la responsabilité terrible que la harangue, qu'il qualifie justement d'infâme, fait peser sur lui et sur tous ceux qui l'ont applaudi. Il repousse, malgré l'évidence, les paroles les moins compromettantes, parce qu'elles se lient invinciblement aux paroles sauvages qui les ont précédées. C'est ainsi qu'il a été amené à affirmer, malgré sept témoins irrécusables, qu'il n'avait rien dit aux Plaines.

Il y a quelques variantes sur la partie la plus caractéristique de la harangue; et Attibert semblait triomphant : il y voyait une contradiction, et, comme conséquence, une raison de suspecter les témoins. Un défaut de concordance ne prouverait-il pas plutôt que les témoins parlent de bonne foi et sans concert préalable ? La contradiction du reste n'est qu'apparente. Il est très-vrai que, d'après Bridier, Attibert a dit qu'on pouvait *piller*, *voler et tuer ;* que, d'après Pierre Gasté, il a dit que l'on pouvait *piller et voler*, et que, d'après Auguste Gasté, il a dit que l'on pouvait *piller et incendier.* Que prouvent ces trois versions ? Elles prouvent que tout a été dit. Rappelez-vous bien la situation. Une bande nombreuse était réunie aux Plaines. Les mille ou quinze cents hommes, qui la composaient, avaient été rangés sur deux lignes. Attibert parcourait les rangs, donnant ses ordres, annonçant le but de l'attaque et répétant son discours, afin qu'il fût successivement entendu de tous. Il a varié dans l'expression, mais l'idée ne changeait pas. Voilà pourquoi chaque témoin a recueilli, selon la position qu'il occupait dans les rangs, les termes différents d'une pensée qui a toujours été la même. Ainsi point de contradiction. Encore une fois, tout a été dit : *piller*, *voler*, *incendier et tuer.* Pourquoi Attibert le nierait-il ? Ne nous a-t-il pas déclaré, obéissant à son insu, aux mêmes inspirations, *qu'il avait voulu faire à Angers ce que nous avions fait à Sébastopol ?*

Pasquier est le digne associé de Secrétain et d'Attibert. Lui aussi veut régénérer la France, et refaire ses lois. Pour y parvenir, il avait résolu de piller la caserne de Trélazé, d'incendier la caserne de l'Académie, de surprendre le château. Tels sont les projets qu'il avait confiés à Thébault. Par lui les affiliés de

Trélazé communiquaient avec ceux de la ville, et il recevait souvent des *messieurs* d'Angers, avec lesquels il avait des entretiens mystérieux. Il se trouvait au premier rang et armé d'un sabre, à l'attaque de la gendarmerie. C'est lui qui a pris au brigadier une épée, dont il a armé Maurat. Il a été signalé comme l'un des principaux chefs par Bridier, Gouzé et Groussin qui l'ont vu commandant aux Plaines, et par Thébault et Gazeau qu'il a placés en faction pour empêcher la défection. Il vous l'a dit : *il allait de bon cœur, il voulait faire une révolution.* Quant à dire la raison et le but de cette révolution, il ne le peut, et balbutie *qu'il est toujours prêt à prendre les armes pour son parti.* Les armes ! Vous les voyez. Le parti ! Vous le pouvez juger par les chefs qu'il s'est donnés. Pour dernier trait, que je recommande à ceux qui douteraient encore du caractère du mouvement, Pasquier, quand vous l'interrogiez sur l'emploi de ces armes, a fait cette réponse digne d'Attibert et de Secrétain : *nous sommes républicains démocrates et socialistes, il fallait bien nous débarrasser de ceux qui ne le sont pas!* Et, complétant sa pensée par une expression triviale mais caractéristique, il a ajouté : *on ne fait pas d'omelettes sans casser des œufs.* Voilà son opinion !

Vous les connaissez maintenant ces héros populaires que *la Marianne* triomphante nous imposerait pour dominateurs de quelques instants ! Cela fait pitié et encore plus horreur ! Quand de tels coupables n'ont à redouter que l'emprisonnement et l'exil, ils doivent s'estimer heureux et bénir les lois qu'ils ont la prétention de réformer.

Viennent ensuite comme chefs en sous-ordre :

Deshayes, signalé par sa mauvaise conduite; Thébault et Bridier l'ont vu commander aux Plaines. Il disait à Thébault : *on va marcher cette nuit pour le changement de gouvernement; si tu refuses de marcher, ta vie en dépend.* C'est lui encore qui, apprenant les premières arrestations du Champ-de-Mars, par lesquelles le complot a été si heureusement désorganisé, a laissé échapper ce mot qui prouve l'importance des arrestations : *le comité a été ramassé cette nuit.* Enfin, il était un de ceux qui, abusant de l'hospitalité de Béchet, engageait cet homme à marcher sur Angers, en lui promettant que *tout allait être à eux*, et qui l'ont désarmé parce qu'il refusait de les suivre. A ces témoignages, Deshayes n'a répondu que par l'insulte, et il reste accablé par la gravité et l'évidence des charges accumulées contre lui.

Bazile, Jean, dirigeait la fabrication clandestine de poudre et de cartouches destinées à l'insurrection. Il avait commencé par le nier, malgré les déclarations formelles de Manceau, Thébault et Lancelot. Une lettre, récemment saisie, ne lui a pas permis de persévérer, et il est obligé d'avouer aujourd'hui ce qu'il repoussait hier en outrageant les témoins. Actif organisateur des bandes, il employait tour-à-tour la persuasion, la menace et la violence au profit de l'insurrection. C'est ainsi qu'il s'écriait chez Gaudry : *toute la France est en révolution ; il faut marcher en armes ; ceux qui ne marcheront pas auront à s'en repentir.* C'est ainsi qu'il disait à Fauveau, en lui plaçant un poignard sur la poitrine : *on ne fait pas le fainéant ici, sans quoi peine de mort.* Il a assisté, brandissant un sabre, à plusieurs désarmements, et a emmené de force Lemesle, Gaignard et Meignan. Thébault l'a reconnu pour chef; et il est un de ceux qui prétendent avoir voulu renverser le gouvernement.

Lapierre, connu depuis longtemps par son exaltation et sa violence, a été vu, par Bridier, commandant une section aux Plaines. Il figurait parmi les plus acharnés à l'attaque de la gendarmerie, et il a participé, le sabre à la main et la menace à la bouche, au désarmement de Houdin et de Lebreton. C'est lui qui a commandé six hommes pour enlever Defayes, auquel il disait : *lève-toi, en route, toute la France est soulevée ; si tu ne marches pas, je ne réponds ni de toi, ni de ta maison.*

Coué, signalé par son inconduite et par sa violence, déjà mêlé à d'anciennes poursuites pour affiliation à *la Marianne*, reconnu comme l'un des chefs du siége de la gendarmerie, a participé au pillage de Launay et de Lebreton. Froger l'a vu à Angers, armé d'un fusil.

Auray, ivrogne et débauché, a envahi la maison

Bellanger. Il commandait le pillage chez Guérin, qu'il a contraint à partir en lui disant : *si tu ne nous suis pas, il va t'arriver malheur ; nous marchons tous sur Angers.* Il a figuré à la tête des assaillants de M. David, et il s'est emparé des armes de M. Pion. Il a été vu, aux portes d'Angers, brandissant un sabre, par Adèle Sureau, dont il a repoussé la déclaration par de grossières insultes. Il n'ose suivre les précédents accusés dans leurs ambitieuses explications, et il se borne à déclarer : *qu'on lui a dit : marche, et qu'il a marché.*

Bardou, sans mauvais antécédents ; il conduisait la bande qui a envahi les maisons Gigot et Garnier. Il a été reconnu aux Plaines, parmi les chefs, par les deux frères Gasté et Herpin. Guérin l'a vu commandant l'escorte de la poudre. Comme Auray, il ne trouve rien à répondre, si ce n'est *qu'il a marché parce qu'il en a reçu l'ordre.*

Manceau, socialiste exalté, était associé à la fabrication clandestine de poudre et de cartouches. Il s'en est vanté auprès de Virechien, et la lettre de Jean Bazile ne lui permet plus de nier ; il était à la tête de ceux qui ont pillé Allignon ; il a forcé à partir, en les menaçant de coups de sabre, Lemesle, Meignan, Thébault et Virechien. C'est lui qui disait à Gaudry : *toute la France est soulevée ; ceux qui ne marcheront pas, paieront cher leur refus;* et à Hyver : *la France et l'Europe sont en révolution ; si vous ne partez pas, il vous arrivera malheur*. Aujourd'hui il nous déclare, pour toute excuse, *qu'il ne savait pas pourquoi il venait à Angers*.

Martineau, Pierre, signalé par ses habitudes de violence et d'intempérance; il commandait cent hommes, tous armés. Besson l'a vu arrêter sa bande au milieu du faubourg, la placer en ligne et lui ordonner d'apprêter ses armes. Il a été rencontré ensuite par Grimault, dans la rue Desjardins. Il avait été reconnu aux Ecoteries dans le groupe qui tenait de tels propos, que Meignan voyait bien qu'il s'agissait *de massacre et de vol*. Cet homme a timidement invoqué un alibi, démenti à l'avance par les reconnaissances formelles que je viens de rappeler. Cet alibi, appuyé par les époux Bourreau, ne peut être accueilli, car ces témoins sont en contradiction manifeste avec l'accusé sur les circonstances fondamentales de son système de défense. Les époux Bourreau se trompent évidemment sur l'époque de la rencontre, invoquée par l'accusé pour établir qu'il n'a pas pris part à l'insurrection.

Martineau, Joseph, paresseux et ivrogne, est un des zélés affiliateurs de *la Marianne ;* il y a notamment initié Bocairé. Il est un de ceux qui ont envahi la maison Minot. L'accusation ne lui impute pas d'avoir commandé, mais bien d'avoir exercé un emploi dans les bandes. Tambour de la compagnie de pompiers de Trélazé, il a trahi ses devoirs pour se mettre au service de l'émeute, et il a battu, pour elle, le rappel et la marche. Vainement prétend-il avoir été contraint, car, lorsque le gendarme Galerneau l'engageait à rentrer chez lui, il a répondu qu'il agissait par ordre de son lieutenant; et celui-ci lui avait au contraire ordonné de ne pas sortir, afin d'être prêt si l'on avait besoin de lui. Gouzé l'a d'ailleurs vu battant la marche à la porte d'Angers, et l'on sait que tous ceux qui ont été réellement contraints, se sont aisément retirés avant d'arriver au faubourg.

Vous savez maintenant pourquoi l'accusation reproche à certains accusés, une participation exceptionnellement grave au mouvement du 27 août. Secrétain, Attibert et Pasquier ont été les chefs principaux. A eux appartiennent l'organisation du complot, la réunion des bandes, la direction de l'attaque. Viennent ensuite, comme chefs en sous-ordre, chargés du commandement des diverses sections, Deshayes, Jean Bazile, Lapierre, Coué, Auray, Bardou, Manceau et Pierre Martineau. Quant à Joseph Martineau, ce n'est pas un commandement, mais un emploi dans les bandes qui lui est reproché. Tous font partie de *la Marianne ;* tous ont été formellement désignés par quelques-uns de ceux qu'ils ont affiliés. Peu importe d'ailleurs à la répression cette circonstance de commandement ou d'emploi ; la pénalité n'en est pas augmentée. Nous en avons parlé pour l'exactitude des faits et la responsabilité morale de chacun. Notre but est moins d'aggraver la situation des chefs, que d'atténuer celle des accusés qui ont subi leur fatale influence.

Il me reste à parler des accusés qui ont pris une part volontaire au mouvement, sans y exercer de commandement. Tous sont venus à Angers, porteurs d'armes ; tous ont pris part à quelques faits de pillage ou de violence.

Blet, mauvais antécédents, a tiré un coup de fusil dans la porte de la gendarmerie; François et Auguste Gasté en déposent. Le brigadier et le gendarme Galerneau l'ont vu à la tête des assaillants. Il tenait un sabre levé sur la tête du brigadier, quand l'arme a été heureusement détournée par le gendarme Gavary.

Plissier, exalté et violent, a contraint Froger à marcher. C'est lui qui, dans une des scènes les plus odieuses de cette nuit déplorable, a tiré un coup de pistolet sur Auzanne, qu'assiégeait dans sa maison une bande de forcenés.

Bazile, Mathurin, socialiste exalté, était armé d'un sabre et d'un fusil. Il a aidé à la fabrication de poudre. Propagateur de *la Marianne*, il a affilié Herpin. Il assistait, le 26 au soir, à cette réunion de famille qui se termina par le désarmement de Béchet, son beau-frère. Il était de ceux qui disaient à Béchet, pour l'engager à les suivre : *tout va être à nous.*

Besson, dangereux et violent, était à Angers avec un pistolet chargé.

Teneu, Joseph, père, signalé par ses habitudes d'ivrognerie, de maraudage et de violence; arrêté à la porte de la gendarmerie, armé d'un pistolet; il fut ensuite relâché. On l'a vu aux Plaines, et il s'est engagé dans la ville jusqu'au Champ-de-Mars. Hyver l'a rencontré armé d'un sabre. Il a contribué au pillage d'une maison; et, dès le 21 août, il annonçait à Guérin le mouvement du 26. Il faisait de la propagande au profit de *la Marianne*, et il a cherché à y affilier Guérin.

Guy, très-mauvaise conduite; François Gasté l'a vu défonçant, avec une pioche, la porte de la gendarmerie. Il était à Angers, armé d'un ciseau de fendeur, dangereux instrument d'effraction et de meurtre.

Girard, deux fois condamné pour coups et pour vente d'effets militaires; remarqué parmi les plus acharnés à la gendarmerie; il avoue qu'il a tiré un coup de fusil chargé à balle. Manceau l'a vu à Angers, armé du même fusil. Il a menacé Chotard de *lui brûler la cervelle s'il ne marchait pas.*

Fauveau, ivrogne, paresseux et violent, condamné pour coups; remarqué par Leroy aux premiers rangs des assiégeants de la gendarmerie; rencontré par le garde champêtre Chesneau, excitant à la révolte et criant *aux armes!* Il était aux Plaines et à Angers, et, dès le 21 août, il annonçait l'insurrection à Guérin, et ne lui dissimulait pas que cette insurrection serait l'œuvre de *la Marianne.*

Janvier, deux fois condamné pour destruction d'un animal domestique et pour vente d'effets d'équipement militaire, a envahi la maison Gouzé; il était armé d'un fusil qui a fait accidentellement explosion entre ses mains; il a forcé Gaignard à se joindre aux bandes, en le menaçant de son arme. C'est dans ce moment qu'il tenait des propos qui ont démontré à Gaignard *qu'il s'agissait de piller et de saccager.*

Leroy, ivrogne et débauché, a pris une part active au pillage de la gendarmerie. Reconnu par un gendarme qui l'engageait à se modérer, il répondit : *je ne me retirerai pas, je suis aussi canaille que les autres.* C'est lui qui caractérisait si bien cette scène odieuse par ces mots : *nous avons fait le carnage de la gendarmerie.*

Sarrazin, signalé par ses habitudes d'ivrognerie, participait à l'attaque de la gendarmerie. Il y a été reconnu par le brigadier et par le gendarme Galerneau, armé d'un ciseau de fendeur, puis d'un fusil. Son cabaret servait fréquemment aux conciliabules des chefs de *la Marianne;* et c'est là que Pasquier et Jean Bazile ont remis à Secrétain l'argent destiné au voyage de Paris.

Trideau, mauvaise conduite, signalé, il y a deux ans, par M. le Préfet de Police, comme un des principaux membres de *la Marianne*, poursuivi alors mais acquitté, parce que les preuves ont paru insuffisantes. Il s'est fait remarquer, dans toute la nuit du

26 au 27 août, par son extrême violence. Il a forcé Bordereau à marcher, en le menaçant d'un coup de lance, et en lui disant : *tu marcheras, fainéant ; nous sommes les maîtres.* Il a brisé la porte de Bonsergent. C'est lui qui, chez Defayes, plaçait des cartouches dans un lit pour incendier la maison, et qui s'écriait : *nous sommes rouges, nous allons mettre le feu aux quatre coins de la ville.* Il a été le principal auteur de l'enlèvement de la poudre des magasins de l'Ermitage, où il s'était introduit, peu auparavant, à l'aide de fausses clefs. Il disait à Loyson : *il va y avoir une révolution ; tous les ouvriers marcheront ; ils seront les maîtres ; il est temps que cela finisse ; tous nos chefs sont nommés.* Enfin, il accompagnait la charrette de poudre, qu'il a fait arrêter devant le couvent de femmes de la Maison-Rouge, et Dubois l'a entendu insister pour que l'on fît sauter la porte de ce pensionnat de jeunes filles. Quel était le dessein de Trideau ? A cette question, il n'y a pas deux réponses.

Groussin, bons antécédents ; il connaissait à l'avance le mouvement. Il assistait au désarmement de Lebreton et au pillage de l'Ermitage ; il éclairait ceux qui enlevaient la poudre ; il escortait la charrette, et il l'a accompagnée jusque dans l'intérieur de la ville.

Laillié, bonne conduite antérieure, a participé au pillage de la poudre; il a été vu armé d'un sabre et menaçant Dudé de cette arme, pour le forcer à partir, puis envahissant le domicile de Sallé, qu'il menaçait d'un pistolet. Il a été arrêté à Angers, armé d'un fusil.

Boilême, mauvais précédents, a pris une part active au pillage de la gendarmerie, et à plusieurs désarmements, notamment chez Gasnier, près duquel il se félicitait *d'avoir fait l'affaire des gendarmes;* et chez la femme Bretais, où il a pris un fusil. Ardent affiliateur de *la Marianne*, il y a initié Chouanet, Guérin, Gazeau et Leroy.

Plumelet, antécédents assez bons, assistait au pillage de la gendarmerie et au désarmement de Bretais. Il a été arrêté en flagrant délit au milieu des insurgés.

Pointeau, renseignements assez satisfaisants, a participé au pillage de Mariette et de Froger. Il avait reçu la confidence des chefs, car, dans la matinée du 26, ayant rencontré, par hasard, Defayes fils, ouvrier forgeron, il lui demanda si son maître avait des fusils à réparer, et il ajouta : *je respecte ton père et ta mère, je ne leur ferai jamais de mal, parce qu'ils m'ont rendu trop de services.* Il prévoyait donc la prochaine attaque de la maison Defayes ! Quant à sa reconnaissance pour cette famille, il la manifestait la nuit suivante, en guidant une bande furieuse chez Defayes, en lui faisant ouvrir sa porte à l'aide d'une ruse odieuse, en envahissant sa maison aux cris de : *nous sommes rouges*, et en lui volant un fusil. Le lendemain, craignant les révélations de Defayes, il lui envoya trente francs pour arrêter ses plaintes. Pointeau nie sa participation à ces actes de violence et de dévastation contre d'honnêtes gens, ses bienfaiteurs ; mais il a été positivement reconnu, de même qu'il l'a été, un peu plus tard, à Angers, dans les rangs de l'émeute, et armé d'un sabre.

Négrier, bons antécédents, a pris une part active au siége et au pillage de la maison Defayes. Il s'écriait : *rendez-vous, ou vous êtes perdu ; nous allons mettre le feu aux quatre coins de la ville.* Il est resté à Angers jusqu'à la dispersion complète des révoltés.

Gavalan, immoral et violent, assistait au pillage des maisons Mariette et Froger, ainsi qu'aux scènes plus graves de la maison Defayes. Il a saisi cet homme à la poitrine, le menaçant de son sabre, et criant, avec Négrier et Pointeau : *qu'il était rouge, et qu'il allait mettre le feu à la ville.* Il a été arrêté en flagrant délit à Angers. Gavalan est assurément bien compromis, mais il a eu un bon mouvement chez M. Mahou, en cherchant à apaiser la fureur de ses camarades. Qu'il lui en soit tenu compte ; ce sera justice.

Maingot, redouté par ses propos menaçants, un des principaux agresseurs de Defayes qu'il a entraîné de force. Il était aux Plaines et à Angers.

Roméo, bons antécédents, un des pillards de la maison Defayes; il a contribué à arracher cet homme de sa demeure. Pour toute excuse il prétend qu'il est venu à Angers, *sans savoir ce qu'il faisait.*

Boulitreau, bonne conduite, un des plus acharnés

chez Defayes, et à Angers, où il a été vu brandissant un sabre.

Denis, bons renseignements, a participé au désarmement de Houdin; c'est lui qui a forcé cet homme à ouvrir, en s'écriant : *sapeurs, enfoncez la porte*, et en frappant cette porte à coups de sabre. Il était à Angers, porteur de la même arme.

Bazile, René, un des plus dangereux propagateurs de *la Marianne*, a dirigé l'envahissement du domicile de Launay, et a été arrêté au milieu des bandes à Angers.

Gasté, Charles, bons antécédents, un de ceux qui ont envahi et pillé les maisons de Launay et de Houdin. Il a eu une lueur de repentir chez Launay, en voyant les violences dont cet homme était l'objet; vous vous en souviendrez.

Girouard, détestables antécédents, ivrogne et débauché, a envahi la demeure de Launay et celle de Gaultier. Il a voulu contraindre Pion à le suivre, et comme cet homme, récemment sorti de l'hôpital et malade encore, refusait de sortir, il l'a frappé d'un coup de sabre sur la main. Il criait *qu'on allait faire le branle-bas à Angers*. Il est venu dans la ville, monté sur la charrette de poudre, et armé d'un fusil de munition. Le lendemain il continuait ses menaces et promettait *que le soir l'insurrection compterait dix mille hommes*.

Thébault, ivrogne, a pris part au désarmement de

Bellanger, et s'est ensuite emparé du fusil de Gaultier. Il a contraint Gaignard à partir et est venu à Angers, armé d'un fusil, volé à David. Il criait, pendant la route, *que le gouvernement était renversé, que la France était soulevée*, et il y mêlait des propos qui démontraient bien, dit Gaignard, *que ce n'était pas pour le pain qu'on s'était insurgé.*

Aubry, renseignements favorables, assistait au pillage de plusieurs maisons. Il annonçait, en marchant sur Angers, *qu'on allait y faire le bouleversement.*

Chéreau, très-mauvais antécédents, deux fois condamné pour coups et pour vol. Il était à la tête de ceux qui se sont violemment introduits chez Lebreton; il l'a frappé d'un coup de fourche de fer, sur la main, en criant : *citoyen, rendez-vous.*

Teneu, Joseph, fils, bons antécédents, a pris part au désarmement de Houdin et de Lebreton. Hyver l'a vu à Angers, agitant un sabre.

Richard, bons antécédents, a participé au désarmement de Sallé. Il se trouvait à Angers, armé d'un fusil, et le lendemain il disait *qu'on s'y était mal pris, qu'on aurait dû incendier la maison du régisseur et mettre le feu aux quatre coins de la ville.*

Je viens de résumer rapidement les faits particuliers, imputables à chacun des accusés. Tous, moins trois, Guy, Leroy et Sarrazin, avouent qu'ils sont entrés dans la ville. Tous, sans exception, avouent leur participation à quelques-uns des actes de violence et de pillage, qui ont précédé le mouvement, dont Angers était le but définitif. Tous font partie de *la Marianne.* Pour quarante-deux, nous avons les déclarations formelles de François Gasté, Auguste Gasté, Gazeau, Bocairé, Leroy, Guérin, Herpin et Lebreton, qui sont affiliés et connaissent une partie du personnel de l'association; pour les seize autres, nous avons des indices équivalents : c'est leur obéissance passive aux ordres des chefs, leur présence volontaire dans les bandes, et la pression du serment qu'ils subissent évidemment jusque dans cette enceinte.

Quelques-uns disent qu'ils sont venus sans armes. Il importerait peu, car leur concours à l'attentat n'en serait pas moins certain; mais à qui appartiendrait donc cet amas d'armes abandonnées dans nos rues? N'a-t-on pas vu, d'ailleurs, les insurgés arrêtés au pont Saint-Joseph avant leur déroute? Tous étaient armés.

D'autres allèguent qu'ils ont été contraints. Mais ils ne disent pas par qui, et ils ont suivi la bande jusque dans la ville. Ce n'est pas ainsi qu'ont parlé et agi ceux qui ont cédé à la force. Ils ont nommé les auteurs des violences, et ils ont trouvé facilement moyen d'abandonner l'émeute dans le long trajet des Plaines à Angers. C'est dans l'examen de ces deux circonstances caractéristiques, que la justice a cherché et trouvé le sûr moyen de vérifier ce système de défense. Aussi, nul n'a été poursuivi de ceux qui, à l'appui d'une allégation de contrainte, en ont indiqué les auteurs. Vous savez, en outre, que tous ceux qui ont cédé à la force, sont parvenus très-promptement à s'y soustraire.

Ainsi se trouvent justifiés les cinq premiers chefs d'accusation.

Les cinquante-huit accusés, sans exception, ont commis, soit comme auteurs, soit comme complices, soit comme chefs, soit comme simples acteurs, l'attentat dont le but était de porter le pillage, la dévastation et le massacre dans la ville d'Angers. Tous ont été arrêtés en flagrant délit, ou reconnus dans le mouvement, ou forcés d'avouer qu'ils y ont pris part.

Treize accusés sont signalés comme ayant exercé un emploi ou un commandement. Les chefs principaux s'en font gloire. Les autres nient, mais ils ont été vus dans l'exercice de leur autorité.

Pour quarante-trois, l'acte d'accusation relève le port d'armes apparentes ou cachées. Aucun ne le conteste.

A cinq d'entre les accusés, enfin, nous imputons d'avoir fait usage de leurs armes. Les témoins vous l'ont dit, et la preuve est incontestable.

Aucun doute n'existe donc sur la matérialité des faits. Il n'en existe pas davantage sur leur caractère légal. Vous examinerez la question principale d'attentat et les questions accessoires de commandement, d'armes et de pillage : mais, vous n'oublierez pas que la première question domine toute l'affaire. Les accusés s'étaient tous associés pour commettre l'attentat; tous y ont pris part. Ils n'étaient pas les seuls. Six cents hommes, au moins, sont entrés dans la ville. Parmi eux, cent coupables ont été choisis, non pas arbitrairement et au hasard, mais parce que leur culpabilité était la plus évidente et la plus grave. Ainsi donc, pour les cinquante-huit accusés de cette catégorie, la première question sera résolue affirmativement.

Une distinction doit être cependant établie parmi les accusés. J'ai recherché, avec le désir sincère d'en étendre le nombre, les moins compromis, les plus jeunes, ceux qui ont cédé, même par hasard, à un bon sentiment, ceux enfin, qui se recommandent par leurs antécédents. Heureux d'aller au-devant de l'indulgence, dès qu'elle peut se concilier avec le devoir, je propose des circonstances atténuantes pour Bardou, Joseph Martineau, Houdebine, Ubarin fils, Besson, Guy, Groussin, Laillié, Plumelet, Négrier, Maingot, Roméo, Gavalan, Boulitreau, Denis, Gasté, Aubry, Teneu fils et Richard.

Nous savons à quels dangers la ville a échappé. Le but réel a vainement été dissimulé. Il ne suffira pas aux accusés, pour en amoindrir l'horreur, d'affecter un rôle politique, et de se proclamer démocrates ou socialistes. Nous levons ce masque, et nous trouvons des malfaiteurs qui rêvent une révolution, parce que, pour piller impunément, il leur faut le désordre; qui aspirent au socialisme, parce que le socialisme serait l'expropriation universelle; qui ne veulent pas d'autorité, parce que, pour eux, elle personnifie la loi. Qu'ils ne prétendent point à une autre politique! Aucun témoin de ces tristes débats ne leur fera plus d'honneur. Une révolution comme moyen, le pillage comme résultat; c'est bien leur vœu, Attibert l'a dit. Et si, à défaut de l'absurde prétexte des subsistances, inventé, selon le mot machiavélique de Pasquier, *pour ne pas effrayer* la population paisible, on en est réduit aujourd'hui à imaginer un autre mobile; ces tardives inventions n'enlèvent rien à la criminalité de l'attentat. Car ce n'est pas tout que de déclarer qu'on voulait renverser le gouvernement; il faut dire aussi par quels moyens on prétendait y arriver. Et je demande comment les accusés auraient renversé le gouvernement, à Angers, autrement que par la dévastation, le massacre et le pillage? Attibert a répondu : *il voulait faire à Angers ce que nous avons fait à Sébastopol!* Il nous destinait à tous les maux d'une ville prise d'assaut. Le but n'est donc plus contestable. Les chefs se sont chargés de nous les révéler avec une cynique audace.

Une question reste, souvent faite, et dont j'ai cherché la réponse. Le mouvement d'Angers devait-il rester isolé, ou se rattachait-il à un plan général? Il devait au moins s'étendre sur plusieurs points du département de Maine et Loire. Cela est prouvé par ce qui s'est passé à Montsoreau et à Montreuil-Bellay, où le pillage et l'incendie étaient préparés, en attendant le signal d'Angers. Le mouvement devait-il s'étendre davantage? Je le crois, sans pouvoir l'affirmer; et le confident des chefs de Paris ou de Londres, Secrétain, pourrait seul éclaircir ce mystère. Si, comme je le suppose, l'attaque devait se généraliser, on ne peut expliquer pourquoi elle s'est bornée à Angers, que par l'une ou l'autre de ces trois conjectures : ou le mot d'ordre a été mal compris, et le signal devancé par erreur à Angers; ou, ce qui n'est pas rare dans l'histoire des insurrections, Secrétain a voulu précipiter la révolte pour s'en donner le mérite; ou, et c'est ce qu'il y a de plus probable, on a compté sur l'entraînement d'un premier succès, et Angers a été jugé digne de donner l'exemple, parce que *la Marianne* y compte de nombreux prosélytes, parce que le voisinage des carrières y tient trois mille hommes prêts au combat, parce que notre ville paraît être devenue, depuis quelque temps, le centre des machinations de Belle-Isle. On y voit, en effet, affluer tous ces hommes qui, frappés de condamnations politiques, doivent, à l'indulgence du gouvernement, un régime d'emprisonnement exceptionnel, dont ils abusent, pour tramer de nouveaux complots. Si rien de cela ne peut expliquer l'attaque d'Angers, il faut alors que les chefs de *la Marianne*, obéissant à une théorie publiquement recommandée par les grands agitateurs, aient ordonné le désordre pour le désordre, sans espoir de généraliser le succès, mais dans le but de tenir en éveil l'esprit révolutionnaire. On sacrifie ainsi quelques frères, on précipite des familles dans la désolation, on prive des femmes et des enfants du salaire et du pain de chaque jour. Qu'importe aux génies méconnus qui veulent régénérer le monde ! N'est-ce pas au profit de leur infernale ambition, que se dévouent et doivent se sacrifier, sans examen et sans murmure, les agents subalternes qu'ils enrégimentent et exploitent? La misère étreindra les familles, les larmes couleront, les prisons seront remplies, le sang sera versé, peut-être. Mais les comités révolutionnaires auront été obéis ! Que la plèbe souffre et succombe; c'est sa destinée ! Les maîtres triomphent dans leur vanité. Le monde reconnaît leur pouvoir ! Le peuple doit être satisfait !

De ces hypothèses diverses, laquelle accepter ? Encore une fois, je n'ose rien affirmer. La vérité serait précieuse à connaître, pour conjurer de nouveaux malheurs. Elle sera sans doute recherchée et découverte. Quelle qu'elle soit, elle importe peu à l'issue de ce procès.

Si j'ai supposé que l'insurrection comptait sur la propagation du mouvement d'Angers, deux circonstances en sont la cause. Les accusés voulaient assurément occuper la ville, et, isolée, cette occupation eût été une entreprise insensée. Ils avaient aussi résolu de s'emparer du château. Ce dernier projet n'est pas avoué comme l'autre, mais il n'est pas plus contestable. Guiller a entendu, dans la prison, plusieurs accusés s'entretenant de l'affaire. L'un d'eux laissa échapper cette grave révélation : *si nous avions pu avoir des habits de gendarmes, nous aurions feint de conduire un prisonnier avec des menottes, et nous nous serions facilement emparés du château ;* l'accusé Gazeau ajouta : *ce qui me perd, c'est qu'on a trouvé chez moi des menottes.* Ce fait était vrai. On a saisi, chez Gazeau, une partie des menottes dérobées à la gendarmerie de Trélazé; et l'on vient tout récemment de découvrir les autres dans le jardin de la cure de St-Joseph, où quelque insurgé les avait sans doute jetées en fuyant. Pourquoi s'emparer de ces fers, pourquoi les apporter à Angers, si ce n'est pour mettre à exécution le projet révélé par les accusés, surprendre, par la ruse, le château, qu'il est impossible d'enlever de vive force, et en faire la place forte de la révolte?

A la pensée de s'emparer du château se rattachait un autre projet, plus facilement réalisable et plus odieux. Les accusés conduisaient, au centre de la ville, une grande quantité de poudre de mine, des mèches et des tarières. Que signifiait cette persistance de quelques affidés, dirigés par Fouin, le condamné libéré de *la Marianne?* L'agression avait échoué, l'émeute était vaincue, tout fuyait, les chemins étaient libres pour reconduire la charrette à Trélazé; rien n'était plus facile, d'ailleurs, que de l'abandonner. Et cependant cette charrette, conduite par Hamard et escortée par douze ou quinze hommes armés, s'avançait toujours. Où allait-elle, quelle était la destination de ces provisions incendiaires? Les accusés seuls le savent; et c'est à eux que je le demande.... Ils se taisent; mais Gouzé, Hyver, Defayes ont répondu pour eux. Ils ont appris cette destination de la bouche même des accusés : *on allait mettre le feu à trois endroits de la ville, pour donner le signal aux affiliés des environs.* Ce signal était attendu; c'était lui qui, en faisant croire au succès, devait propager le mouvement, enhardir les timides, décider les incertains, concentrer sur la ville tous les affiliés du dehors. Vainement chercheriez-vous une autre explication. Si celle que je donne est erronée, que les accusés la démentent, mais qu'ils en donnent une qui soit acceptable. Je l'attends. Elle ne nous a pas été donnée, j'ose affirmer qu'elle ne le sera pas; et je maintiens que la poudre était conduite dans la ville pour allumer des signaux incendiaires, et appeler à l'aide de l'insurrection, triomphante ou vaincue, les renforts destinés à fortifier sa victoire ou à réparer sa défaite.

Voilà la vérité sur les faits d'Angers. Fort heureusement ils n'ont pas eu de graves conséquences, grâce à l'attitude de l'autorité et à l'énergie de la force publique ; grâce surtout au hasard, qui a permis de dissiper, avant qu'il fût formé, le contingent insurrectionnel de la ville. Mais combien leur gravité paraît grande et désolante, quand on se pénètre des intentions avouées des chefs, et des odieux moyens par lesquels ils marchaient à leur but. Nous pouvons juger aisément, de ce qu'ils auraient fait dans la ville, par le simple récit de ce qu'ils ont fait dans la banlieue. Ce qui nous attendait, nous tous, condamnés au pillage et au massacre dans les conciliabules de *la Marianne ;* nous, traités en ennemis dont il faut se débarrasser à tout prix, et destinés, par Secrétain, Attibert et Pasquier, au sort des villes emportées d'assaut ; ce qui nous attendait, nous pouvons aisément en juger par le souvenir des excès que les accusés ont commis envers des ouvriers qu'ils appellent leurs amis, par les violences exercées dans toutes les pauvres demeures où quelque résistance a osé se produire, et surtout par ce qui s'est passé à Trélazé.

L'attaque de la gendarmerie de cette commune, aurait pu être justement qualifiée de tentative d'assassinat et de vol à main armée. Pendant que la caserne était assaillie à coups de hache, deux insurgés étaient embusqués de chaque côté de la porte, le sabre levé, et un autre insurgé se tenait en face avec un fusil abaissé. Ils épiaient ainsi la sortie des gendarmes. Le garde champêtre Chesneau, réfugié dans une maison voisine, a vu tous les détails de cette scène. Enfin la porte tombe sous les haches, et plusieurs coups de feu sont tirés dans l'intérieur de la caserne. Le gendarme Gibey était encore dans le vestibule, une balle lui effleure la jambe, et laisse une trace apparente sur ses vêtements. La brigade entière s'échappe en franchissant les murs du jardin. Le gendarme Alliaume avait été retardé dans sa fuite, deux coups de fusil sont dirigés sur lui. D'autres insurgés se précipitent vers les derrières de la caserne, pour couper la retraite aux gendarmes. Il était heureusement trop tard. La brigade avait trouvé, dans les fermes du voisinage, un abri contre ces forcenés. La caserne est alors envahie. Les meubles sont brisés, les armes enlevées, et la bande ne s'éloigne qu'après avoir tout dévasté. Est-ce que de tels actes révèlent seulement une intention de désarmement? Les balles lancées au travers de la porte, au risque d'atteindre des femmes et des enfants; les matières combustibles amoncelées pour vaincre la résistance, incendier la caserne, et étouffer dans les flammes les gendarmes qui faisaient leur devoir et leurs familles inoffensives; les coups de feu tirés sur Gibey et sur Alliaume fuyants; les embuscades dressées derrière la caserne, et auxquelles les gendarmes n'ont échappé que par hasard; l'attitude des énergumènes qui attendaient, les armes levées, la sortie des agents de la force publique; tout cela ne constitue-t-il pas quelque chose de plus qu'un simple mouvement séditieux? N'y pourrait-on pas voir, je le répète, une véritable tentative d'assassinat ? Les accusés eux-mêmes ne s'y trompaient pas, et l'un d'eux, le nommé Chevret (de la deuxième catégorie), disait, en revenant de la caserne : *qu'ils avaient fait le carnage de la gendarmerie.*

Le pillage de l'Ermitage a été accompagné d'excès presque aussi graves. Baudoin, le clerc de la carrière, a été trois fois assailli par une bande furieuse. Sa porte a été enfoncée, un poignard a été placé sur sa poitrine, un sabre a effleuré sa figure, et, c'est parce que sa vie était sérieusement en danger, qu'il a laissé prendre la clef des magasins, d'où l'on a enlevé le cheval, la charrette et la poudre.

Aux Fresnaies, il n'y a pas eu de semblables violences, parce que personne ne défendait les magasins. Deux portes les fermaient : la première a été brisée, l'autre a été ouverte avec une fausse clef. Trideau avait été vu, quelques jours avant, essayant cette fausse clef et s'introduisant furtivement dans le magasin. C'est lui qui l'a ouvert dans la nuit du 26, et qui a guidé et assisté la bande chargée de l'enlèvement des poudres.

Un grand nombre de maisons particulières ont été envahies, et partout les accusés se sont livrés aux plus coupables violences. La nomenclature complète de toutes ces tristes scènes nous entraînerait trop loin. Je me borne à rappeler les détails les plus saillants.

Houdin et Denis, couchés en joue; Gigault, Bourreau et Mahou, menacés de coups de baïonnette; la femme Bretais, menacée de mort; Bouillé, se débattant contre quatre sabres dirigés sur sa poitrine; Sallé, menacé d'une épée; Pion, frappé d'un coup de sabre; Lebreton atteint d'un coup de fourche.... Tous ces témoins, et bien d'autres, nous apprennent que, partout où il y a eu résistance de la part des gens paisibles qui défendaient leur demeure, les accusés ont eu recours aux menaces, aux violences et aux coups. Si parfois les accusés ont pillé sans employer l'intimidation et la force, c'est qu'on obéissait sans réserve à leurs exigences. Que les insurgés ne se glorifient donc pas, s'ils ont été parfois modérés. Ils l'ont été quand la résignation des victimes de leurs spoliations ne laissait pas de prétexte à la violence. Toujours ils se sont montrés implacables, quand ils rencontraient l'ombre même de la résistance. Du reste, ils ne dissimulaient pas leurs intentions, et, Boucher demandant à quelques accusés *ce qu'ils auraient fait si les clercs de carrières avaient résisté*, l'accusé Richard répondit nettement : *nous les aurions tués.*

Sans donc revenir sur tous les faits de pillage appris par les débats, et énumérés par l'acte d'accusation, je dois cependant en rappeler quelques-uns, parce qu'ils caractérisent la révolte, et aussi parce qu'ils ont été l'occasion d'actes de courage qui font le plus grand honneur à de braves et estimables témoins.

Quand une bande furieuse attaqua la maison de M. David, le maire de Trélazé, cette bande savait que M. le Maire était absent, et que Mme David était seule chez elle. Mme David eut la courageuse pensée de résister aux forcenés qui la sommaient *d'ouvrir au nom du comité révolutionnaire.* Cette résistance ne pouvait triompher d'une centaine de bandits furieux. La porte ébranlée allait céder aux coups, Mme David se décide à ouvrir, et les armes de son mari furent pillées. Cette glorieuse expédition était commandée par Attibert; et Auray s'y est signalé brandissant un sabre, et proférant d'ignobles menaces.

Une autre bande assiége la maison Defayes ; et deux fois cette maison est violemment envahie. C'est d'abord Pointeau qui emploie une ruse odieuse pour s'introduire chez Defayes, dont il avait bien souvent imploré et obtenu les charitables services. Il l'appelle et le prie de venir au secours de sa femme qui, dit-il, se trouve gravement malade. Les époux Defayes se lèvent avec empressement et ils ouvrent la porte de leur cour. Aussitôt cinq hommes s'y précipitent, et parmi eux on remarque Gavalan, Négrier et Trideau, vociférant ces mots : *nous sommes tous rouges.* Les époux Defayes parviennent à se réfugier dans l'intérieur de la maison, ils ferment la porte et se barricadent. Alors plusieurs centaines de bandits se ruent sur la maison, et, furieux d'une résistance inattendue, ils glissent sous la porte des cartouches à mines, y font communiquer une traînée de poudre, et en approchent des allumettes enflammées. Les deux vieillards se défendent avec énergie ; la femme Defayes balaie la poudre, les accusés en replacent, la femme la disperse encore. Cela dura assez longtemps, pour qu'on put voir le lendemain, chez les époux Defayes, plus d'une demi-poignée de poudre qu'ils avaient courageusement enlevée au péril de leur vie. La bande persiste, et Defayes, reconnaissant l'impossibilité d'une plus longue défense, menacé d'être incendié ou suffoqué, se décide à ouvrir. Alors la maison est envahie, les meubles sont bouleversés, Defayes est sommé de livrer ses armes, il refuse, et vous savez ce qu'imaginent les accusés ; des cartouches sont placées dans les lits, le feu va y être mis.... Defayes était vaincu ; Pointeau s'empare de son fusil. Cette famille devait se croire à l'abri de nouvelles violences ; mais la bande avait à se venger. Quelques heures après la maison est encore envahie, et l'on vient cette fois pour s'emparer de Defayes. Vers quatre heures du matin, six hommes arrivent, commandés par Lapierre ; il y avait là Roméo et Maingot, il s'y trouvait aussi un vieillard resté inconnu, et que Defayes remarqua parce qu'il avait l'habitude de lui faire l'aumône. Defayes fut obligé de suivre la bande. Peu après il s'échappait, comme l'ont fait tous ceux qui ont été réellement entraînés par force.

Une scène analogue s'est passée chez M. Sigogne, régisseur de la carrière de *la Porée.* Cent hommes armés attaquent sa porte, pendant qu'une autre bande investit la maison par derrière. Sigogne refuse d'obéir aux sommations des insurgés. Il se barricade au premier étage, et se prépare à une énergique défense, à l'aide de quelques employés, déterminés comme lui. La porte est ébranlée, mais elle résiste. Sigogne est appelé par les assaillants comme pour l'engager à parlementer. *Venez*, lui dit-on, *venez*, *nous ne vous ferons pas de mal.* Confiant dans ces promesses pacifiques, il paraît à sa fenêtre. *Tuez-le*, *tuez-le!* vocifèrent aussitôt les insurgés. *Si j'avais un fusil ce serait déjà fait*, s'écrie l'accusé Cachet; et deux coups de feu sont tirés. Les armes ratent. Sigogne ferme la fenêtre et résiste avec désespoir. Il avait gagné du temps, l'heure s'avance; les insurgés, entraînés vers le rendez-vous général, s'éloignent en promettant à Sigogne *qu'il y passerait le lendemain.* Maillard et Maurat ont été reconnus parmi les meneurs. S'ils n'en voulaient qu'aux armes, pourquoi prenaient-ils des mesures pour entraver la fuite de M. Sigogne? Cette question a été faite aux accusés; elle est restée sans réponse.

Des faits, plus odieux encore, vous ont été racontés par Auzanne, honnête et brave cultivateur, qui a failli payer cher le courage qu'il a mis à défendre sa demeure. Assiégé par cent cinquante forcenés qui lui crient : *ouvrez de suite et pressez-vous*, il monte à l'étage supérieur, et, au nom de la loi, il somme la bande de se retirer. On lui répond par des injures, des menaces et des projectiles de toute sorte. Ainsi provoqué, il trouve sous sa main quelques débris de poterie, et les jette à la foule. Les émeutiers, furieux, ébranlent la porte. Auzanne se défend toujours, et, fort de son droit, refuse d'ouvrir. Un pistolet est dirigé sur lui par Plissier; le coup rate. Auzanne avait vu l'éclair de l'amorce, il se couche, et ce fut heureux, car un second coup de feu est tiré, part, et les assaillants de s'écrier : *c'est bien fait ! c'est bien fait !* La porte est encore attaquée, mais elle était solidement barricadée, et elle résiste. En vain on le menace d'incendier ses barges de fagots et de fourrages, Auzanne ne se décourage pas, et il voit enfin la bande dirigée sur Angers, s'éloigner, en annonçant un prochain retour.

Voilà de nobles exemples, donnés par de courageux citoyens, qui ont su défendre et sauver l'inviolabilité de leur demeure. Qu'ils en soient loués ! Que l'estime publique les récompense ! Et que leur conduite soit imitée, si jamais nous devions revoir de semblables excès !

J'ai retracé, avec la fidélité la plus scrupuleuse, les scènes sauvages accomplies, aux portes de la ville, par ces hommes qui vous disent, avec une stupide emphase, qu'ils cherchent le bonheur de leurs semblables. S'ils traitaient ainsi de pauvres gens, leurs égaux, que réservaient-ils donc aux supériorités sociales, dont ils ont juré l'abaissement ? Il faudrait désespérer de la civilisation, si le châtiment n'était assuré et proportionné à la grandeur du forfait. Qu'ils soient donc châtiés comme ils le méritent, les misérables qui, enivrés de cupidité et de haine, ont tenté, avec une folle audace, le pillage de toute une population ! La loi sauve leurs têtes ! Qu'ils en rendent grâce au ciel, car, pour certains d'entre eux, pour Secrétain, Attibert et Pasquier, je ne connais qu'une peine qui égale le crime.

Quant aux autres, cherchez ce qu'ils sont. Voyez où se recrutent les sociétés secrètes. Onze des accusés ont déjà été atteints par la justice. Sauf un petit nombre, que j'ai soigneusement indiqué, ce sont des ivrognes et des débauchés qui, pour alimenter leur paresse et leur inconduite, ne trouvent rien de mieux que de massacrer les riches, et de partager leurs dépouilles. Qu'ils se félicitent que leurs projets n'aient pas été prévus, car si on les avait connus, c'est en usant de leurs armes, que les braves défenseurs du pays les auraient repoussés; et c'est ainsi, j'en prends l'engagement au nom de l'autorité, que seraient désormais accueillis ceux qui seraient tentés de les imiter.

Quelques-uns se font humbles aujourd'hui. Hypocrites apparences, qui ne nous trompent pas ! Car nous savons les propos qui se colportent encore aux carrières, et les complots qui s'y trament toujours. Hier, une arrestation y était faite. Comment était-elle accueillie? Par une attitude insolente, et l'annonce d'une prochaine vengeance. Nous avons vu, il y a quelques jours, les condamnés correctionnels, cherchant aussi à désarmer la justice par des semblants de repentir; et, rendus à la prison, ils insultaient à la modération des juges par des chants séditieux et des cris de mort. Tous, à l'heure qu'il est, conspirent dans la prison. Ils correspondent avec le dehors et entre eux. Récemment on saisissait une ardoise, lancée d'une cour dans une autre, et sur cette ardoise étaient tracés ces mots : *le 8, Bellamare, celui qui lisait le journal dans la chambre de Goret, a tiré sur l'Empereur.* Qu'ils aient su l'attentat et le nom de Bellamare; cela se comprend. Mais ces détails; ce détenu de Belle-Isle lisant le journal dans la chambre de Goret, de Goret condamné, il y a dix-huit mois, par le tribunal correctionnel d'Angers, pour affiliation à *la Marianne ;* ces espérances mal dissimulées à l'annonce de l'infâme tentative du 8 septembre, tout cela ne prouve-t-il pas aux moins clairvoyants que nous avons en face de nous des ennemis acharnés de tout ordre social? Ces hommes sont incorrigibles; et jusqu'à ce jour les arrêts de la justice ont été impuissants à ramener le moindre sentiment de repentir dans ces cœurs profondément pervertis. Chauvin a bien posé la question : *ils jouent une partie contre la justice.* La justice perdra-t-elle, et verrons-nous le triomphe de ces détestables passions? A vous de le décider ! Jean Bazile l'a bien déclaré aussi : *ils peu-*

vent être condamnés pour plusieurs années, mais ils ne feront pas plus de six mois! La Marianne les délivrera. Dans toutes les familles des accusés on bravo à l'avance votre verdict, en se promettant *que bientôt les juges remplaceront dans la prison ceux qu'ils vont condamner.*

Ils ont été facilement vaincus ; oui, sans doute ; et, pour les esprits superficiels, cela peut sembler une atténuation. Ils ont fui misérablement devant quelques soldats à peine organisés ; il a suffi d'un faible détachement de troupe de ligne et d'une poignée de gendarmes et de sergents de ville, pour balayer cette tourbe exaltée par l'espoir du pillage ; cela est heureusement vrai. Il en sera toujours ainsi, grâce à Dieu! car le droit n'est pas destiné à succomber devant le brigandage. Mais la perversité des accusés ne se mesure pas à leur succès. Ce sont les plus lâches au combat qui seraient peut-être les plus impitoyables dans les excès du triomphe, si le triomphe pouvait jamais couronner leurs coupables desseins.

Dans les événements d'Angers, il ne faut pas voir seulement un péril aisément conjuré. Il faut y chercher surtout un symptôme et un enseignement. Sachons envisager et comprendre les menaces de l'avenir ; c'est le plus sûr moyen de les conjurer. Interrogeons avec fermeté le passé, et apprenons de lui à nous prémunir contre d'autres révoltes ; car le pire des dangers est celui qu'on ignore.

Les chimériques aspirations vers une égalité impossible ne sont pas nouvelles. De tout temps les tribuns ambitieux les ont choisies pour texte de leurs déclamations trompeuses ; et quand, pour leur malheur, les classes populaires ont tenté de réaliser violemment ces impraticables utopies de nivellement, un surcroît de misère leur a bien vite appris qu'on se révolte en vain contre les règles qui président aux destinées humaines. La pauvreté, conséquence douloureuse et fatale des faiblesses et des passions de l'homme, a toujours pesé sur la terre ; et l'égalité des fortunes n'a jamais été plus réalisable que l'égalité des aptitudes. Le peuple a ses flatteurs, qui le trompent et l'égarent ; et, malgré les rudes épreuves de l'expérience, il retombe sans cesse dans les piéges grossiers, tendus à sa crédulité et à son ignorance. Les promesses impraticables et les adulations perfides ont été prodiguées de nos jours, avec une audace et une perfidie inouïes. Nous en recueillons les fruits. On avait vu toujours les malheureux murmurer de leurs trop réelles souffrances, et aspirer ardemment à un sort meilleur. Avait-on jamais entendu, comme aujourd'hui, un concert de plaintes amères, d'exigences injustes, de récriminations menaçantes ? N'en soyons ni trop surpris, ni trop effrayés. Malgré d'ingrates clameurs, sachons redoubler nos efforts d'amélioration et nos actes de bienfaisance ! Et surtout, ne nous lassons pas de combattre le sophisme et de proclamer la vérité. A quoi aboutissent les rêves de nivellement, si ce n'est à irriter le mal ? A quoi servent la colère et la haine, si ce n'est à entraîner de douloureuses représailles ? Qu'adviendrait-il d'une guerre impie, si ce n'est une division plus profonde, et des maux plus incurables ? Quoiqu'en disent les rhéteurs du socialisme, il n'y a encore qu'un remède efficace à la pauvreté et aux inégalités sociales, c'est la charité chrétienne. A l'antagonisme, excité et exploité par les flatteurs du peuple, il n'y a encore qu'un adoucissement possible, c'est l'union de tous par la bienfaisance des uns et la reconnaissance des autres. L'extinction progressive de la misère, n'est pas, il le faut espérer, un problême insoluble ; mais c'est par la paix, la concorde, le travail, l'ordre et la prévoyance qu'on pourra y parvenir. Toute amélioration sera ajournée et compromise par le déchaînement des passions et l'intervention de la force brutale.

Voilà pourtant des insensés qui scindent la société en deux camps irréconciliables ; d'un côté ceux qui jouissent paisiblement de leurs travaux et de leurs épargnes, ou des travaux et des épargnes de leurs pères ; de l'autre ceux qui, incapables de travail, d'ordre et de prévoyance, voudraient usurper les biens qu'ils ne savent pas acquérir. C'est ainsi qu'ils raisonnent, et pour être conséquents, ils se consacrent *à l'extermination des riches.* Hier encore un placard, affiché sur nos murs, provoquait à l'exécution de ces sinistres projets. Tous les manifestes de *la Marianne,* saisis sur tous les points du département, révèlent la même pensée de spoliation et de meurtre.

La société ne succombera pas, mais à condition de se défendre. Nous sommes avertis, et l'illusion n'est plus permise. Qu'un bandit isolé s'embusque pour dépouiller et tuer un honnête homme, cet honnête homme, s'il a du courage, défend sa vie et tue le bandit : il est innocent devant la loi, et honoré par les gens de cœur. C'est toute une horde de malfaiteurs qui nous attaque. Nous aussi nous sommes en état de légitime défense. Usons de notre droit ; défendons-nous. Faisons-le avec d'autant plus d'énergie, qu'il ne s'agit pas de cette peine suprême que la nécessité arrache parfois à la justice, mais que la justice ne prononce jamais sans douleur. Il s'agit simplement de réduire à l'impuissance et d'éloigner du pays des coupables à qui notre civilisation déplaît, qui ne reconnaissent pas nos lois, et qui déclarent à leurs concitoyens une guerre implacable.

Pour quelques accusés, vous trouverez des motifs d'atténuation. Je suis allé au-devant de l'indulgence, en provoquant tout ce que je crois possible dans cette voie. Mais, je le répète avec une inébranlable conviction, pour aucun des accusés l'acquittement n'est possible. Tous ont pris une part active et évidente à l'attentat, et à quelques-uns des actes de violence et de pillage, qui en ont été le prélude. Tous, et ce n'est pas la moins triste révélation de ce débat, ont donné la mesure de leur impénitence par des mensonges obstinés et une attitude menaçante.

Une considération, une seule, est vraiment digne

de votre sollicitude, c'est le triste sort des enfants et des femmes qui vont manquer d'appui et peut-être de pain. Bien à plaindre est assurément l'avenir de ces pauvres familles! Tous, nous en gémissons. Les accusés seuls l'envisagent, sans qu'une larme de regret ait jamais mouillé leur paupière. Grâces au ciel, cette pitié qu'ils se font gloire de repousser, d'autres y céderont avec bonheur. Que les accusés le sachent, et que ce soit tout à la fois, pour eux, une leçon et un remords, ce sont ces riches maudits, dont ils convoitent la fortune, et dont ils décrètent le massacre, qui viendront charitablement en aide aux familles éplorées, et qui, oubliant la faute, et ne songeant qu'à la misère, sauveront du désespoir les femmes, les enfants et les vieux parents laissés dans l'abandon. Voilà comment les riches répondront à vos malédictions!

Ces maux que nous atténuerons de tous nos efforts; ces douleurs et ces désespoirs, désolantes et inévitables conséquences des arrêts de la justice, n'oublions pas, pourtant, quelle est leur cause. La responsabilité en appartient-elle à nous qui défendons, à vous qui appliquez les lois? Ne pèse-t-elle pas tout entière sur les pervers, dont le premier serment a été le sacrifice de la famille; qui ont abdiqué leur liberté et leur conscience dans d'infâmes engagements; et qui, passivement asservis à une honteuse domination, se sont faits les instruments aveugles des vengeances et des assassinats ordonnés par *la Marianne?*

Les accusés ont commis un grand crime ; qu'ils en supportent la juste punition. Des familles vont souffrir ; que tous les cœurs généreux viennent à leur secours. La justice et la charité feront ainsi leur œuvre. Ce sera la meilleure réponse aux déclamations haineuses des sociétés secrètes.

L'accusation a accompli sa tâche, et vous lui rendrez, je l'espère, cette justice que, si elle a dû se montrer sévère, elle n'a rien exagéré, ni rien méconnu. Forte de preuves irrécusables et d'aveux, dont l'arrogance restera le plus douloureux souvenir de ce débat, elle attend avec confiance votre décision. La population, émue des menaces et des violences de la nuit du 27 août, vous demande justice ; et vos concitoyens, désolés des cyniques paroles des accusés, implorent de vous la sécurité et la paix. Les fonctionnaires de tous les rangs, depuis les plus élevés jusqu'aux plus modestes, ont courageusement fait leur devoir ; les magistrats, je puis le dire, n'ont pas failli au leur. Sachez compléter ces efforts ! Que votre conscience vous inspire, et que la société, audacieusement attaquée, obtienne de vous un acte de justice et de salut public !

Angers, imp. de Lainé frères.

www.ingramcontent.com/pod-product-compliance
Ingram Content Group UK Ltd.
Pitfield, Milton Keynes, MK11 3LW, UK
UKHW031050260726
13965UKWH00006B/1330

9 782013 048804